10 睡蓮
How to make P.64

かんざし
花A

かんざし、
ピアス
花B

かんざし
花芯

足8本
（図では省略）

足6本
（図では省略）

ピアス
葉

ピアス
葉脈

ピアス
葉 と 葉脈
重ね方説明図

14 梅
How to make P.72

コーム
花A

コーム
花B

帯留め
花C

帯留め
花D

イヤリング
花E

ループ付き

JN252829

実寸型紙付き!!

ワイヤーをディップ液に
くぐらせて作る

ディップフラワーの教科書

m.a.c.

講談社

CONTENTS ※着色やストレンスナー作業を行う際は部屋の換気を行って下さい

❀ ディップフラワーはこうして作る …… P.5

季節を楽しむ花アクセサリー …… P.6

01 桜 …… P.6
► how to make P.48

02 菜の花 …… P.7
► how to make P.50

03 桔梗 …… P.8
► how to make P.52

04 曼珠沙華 …… P.9
► how to make P.54

05 紫陽花 …… P.10
► how to make P.56

06 藤 …… P.11
► how to make P.58

07 ローズ …… P.12
► how to make P.46

08 マーガレット …… P.13
► how to make P.60

09 鬼灯 …… P.14
► how to make P.62

10 睡蓮 …… P.15
► how to make P.64

11 椿 …… P.16
► how to make P.66

12 牡丹 …… P.17
► how to make P.68

13 アネモネ …… P.18
► how to make P.70

14 梅 …… P.19
► how to make P.72

15 小菊 …… P.20
► how to make P.44

16 ポインセチア ……… *P.21*
► how to make *P.74*

17 パンジー ……… *P.22*
► how to make *P.76*

18 蝶々の花園 ……… *P.23*
► how to make *P.78*

誕生花のピアス ……… *P.24*

19 1月 水仙 …… *P.24*
► how to make *P.80*

20 2月 マーガレット ……… *P.24*
► how to make *P.81*

21 3月 すみれ …… *P.24*
► how to make *P.82*

22 4月 桜 …… *P.24*
► how to make *P.83*

23 5月 鈴蘭 …… *P.24*
► how to make *P.84*

24 6月 紫陽花 …… *P.24*
► how to make *P.85*

25 7月 百合 …… *P.25*
► how to make *P.86*

26 8月 向日葵 …… *P.25*
► how to make *P.87*

27 9月 りんどう …… *P.25*
► how to make *P.88*

28 10月 ガーベラ …… *P.25*
► how to make *P.89*

29 11月 オンシジウム …… *P.25*
► how to make *P.90*

30 12月 カトレア …… *P.25*
► how to make *P.91*

● 基本の材料と用具 ……… *P.26*
● ワイヤーの基本技法 ……… *P.28*
● ディップ液の調合・調整 ……… *P.34*
● ディップ液で着色する ……… *P.35*
● その他の着色・仕上げ ……… *P.36*
● 作品別、パーツの着色説明 ……… *P.37*
● 花のまとめ方・アクセサリーの仕立て方 ……… *P.40*
● 作品の作り方 ……… *P.44*
● 型紙…P92〜95、前見返し、後ろ見返し、本体表紙

ディップフラワーは
こうして作る

ワイヤーを指やペンチで形付け、ディップ液にくぐらせて膜をはった「ディップフラワー」は、樹脂液なので割れない上に、仕上げ剤ストレンスナーで補強するのでさらに丈夫に仕上がります。本書はすべて実物大の型紙付きなので、ワイヤーの成形は型紙に合わせて行えばOKです。

※着色やストレンスナー作業を行う際は、部屋の換気を行って下さい

❖ 型紙に合わせて成形 ❖

指定のワイヤーを型紙に合わせて成形。

❖ ディップ液にくぐらせる ❖

指定のディップ液にくぐらせて、乾燥させる。

❖ マニキュア塗装でも壊れない強度 ❖

透明なディップ液（商品名＝クリヤー）にくぐらせて、完全に乾いてからマニキュアで塗装。最後に硬化仕上げ剤ストレンスナーを重ねれば、アクセサリー強度もさらに安心です。

❖ 小さな作品なら１日でできちゃう ❖

菜の花や梅、マーガレットなど、ブリッジ技法がない作品が初心者向け。まずはディップ液をつける面積が小さい作品から始めてみてください。

季節を楽しむ花アクセサリー

㋐ネックレス
㋑リング
㋒イヤーカフ

01 桜 *how to make P.48*

形付けのコツは、花びらの先端をペンチで細くつまんで折り込むこと。着色は、クリヤーでディップした後、マニキュアのピンクを塗るだけ。メインの花に濃い色を用いて、小さな花に淡い色を用いると、作品に奥行きが出て、可憐な仕上がりになります。

アかんざし

イピアス

02 菜の花　*how to make P.50*

1つ1つの花は、最もシンプルなワイヤー技法を採用。
着色も、クリヤーでディップした後にマニキュア塗装するだけなので簡単。
仕上げに硬化仕上げ剤ストレンスナーをかけるので強度も万全です。

㋐かんざし

㋑コーム

㋒ピアス

03 桔梗（き ぎょう）　*how to make P.52*

シンプルな形に見えますが、花びらの中にワイヤーの骨組みが入っている作品は
難易度が高め。コツはワイヤーがほどけないようしっかりねじり、繋げてから
成形すること。まずは花びらの中にワイヤーがない、ピアスからチャレンジしてみて。

㋐かんざし

㋑イヤーフック

<ruby>04<rt></rt></ruby> <ruby>曼<rt>まん</rt></ruby><ruby>珠<rt>じゅ</rt></ruby><ruby>沙<rt>しゃ</rt></ruby><ruby>華<rt>げ</rt></ruby> *how to make* P.54

曼珠沙華の特徴である長い雄しべは、丸ヤットコでワイヤーの先端を丸めて折り、
ラインストーンをボンドで貼るだけ。花びらのワイヤーに少しウェーブをつけることで、
リアルな仕上がりに。ピンク色にすれば、リコリスに。黄色にすれば<ruby>鍾馗水仙<rt>しょうき</rt></ruby>になります。

[05] 紫陽花（あじさい） *how to make P.56*

1つ1つの花パーツは基本形で簡単。コツは複数の花を束ねるときに、半球をイメージして丸く仕上げること。色はピンク、白など好みに仕上げればOK。薄緑に仕上げれば、最近ガーデニングで人気のアナベルにもなります。

㋑ネックレス
㋐ブローチ
㋒ピアス

06 藤 *how to make P.58*

一見凝った作りに見えますが、外側の花パーツと内側の花パーツを組み立てているだけ。着色はクリヤーでディップした後にマニキュア塗装だからお手軽です。藤の垂れ下がっている形をイメージして、複数の花を組み立てるとリアルな仕上がりに。

07 ローズ *how to make P.46*

バラの作り方は様々ありますが、本書では発泡スチロール製の“バラ芯”にそって花びらをまとめていくビギナー向けレシピを採用。花冠のパールピックは、かすみそうをイメージしたもの。まずはピアスやネックレスからチャレンジを。

ⓐチョーカー

ⓒピアス

ⓑコーム

08 マーガレット *how to make P.60*

マーガレットのブーケをイメージした
ブライダルアクセサリー。同形パーツの
組み合わせなので、初心者にもおすすめ。
花芯用パールを色付きにすれば、
カジュアルで可愛らしい雰囲気に仕上ります。

※手前の作品はクリヤーでディップしたものです。

13

09 鬼灯 *how to make P.62*

陽にかざした鬼灯のように、実に仕立てたパールが淡く透けるデザイン。
作り方のコツは、パールが中心から動かないように気をつけてかぶせづけ（P.35参照）をすること。クリヤータイプは洋装とも好相性。

㋐かんざし

㋑ピアス

[10] 睡蓮（すいれん） *how to make P.64*

クロスねじり技法を用いた作品。1本ずつ指でワイヤーをしごきながら、等間隔かつ、
平面に束ねるのがコツ。花びらに指で曲線的なカーブを入れると、キレイに組み立てられます。
少し上級者向けなので、まずはピアスから始めてみましょう。

[11] 椿 *how to make P.66*

花びらに指でやわらかな丸みを入れると、本物の椿のように、ふっくらとした仕上がりに。花芯のワイヤーを糸状に細く形付けると、粉ペップがきれいについて、仕上がりがより一層美しくなります。

※手前の作品はクリヤーでディップしたものです。

[12] 牡丹 *how to make P.68*

花びらに骨組みワイヤーが複数入った牡丹のコームは、最難関作品のひとつ。
花びらにフリルやウェーブをたっぷりと入れ、やわらかなカーブをつけると壮麗に。着色は、
スプレーを勢いよく押して細かい粒子を出し、よく乾かしながら数回に分けて行うのがコツ。

⦿ピアス

⦿ネックレス

13 アネモネ *how to make P.70*

作るパーツはサイズ違いなので、好みの大きさで作ってもOK。カジュアルに合うよう、
クリヤーでディップした後、アースカラーのマニキュアで仕上げていますが、
赤・ピンク・白にすれば、王道のかわいいアクセサリーに。

ⓦ イヤリング

ⓐ コーム

ⓘ 帯留め

⑭ 梅 *how to make P.72*

七五三や成人式の和装では、レトロアンティーク調の古典柄が人気。想いを込めて
小物作りをしてみてはいかがでしょうか。女の子に人気のピンク色を基調にした作品を
ご紹介していますが、着物の柄や帯に使われている色とコーディネイトするのもおすすめです。

ⓘコーム小

ⓤイヤーカフ

ⓐコーム大

15 小菊 *how to make P.44*

マーガレット（P.13）の色違い作品。ここでは、小菊のつまみ細工をイメージし、
和装に合うデザインに仕立てました。小菊には、純情・真実などの花言葉が
あるので、和装の結婚式をする花嫁さんにプレゼントしても喜ばれそうです。

[16] ポインセチア *how to make P.74*

一見難しそうに見えますが、中心から外に向かって赤からグリーンのグラデーションになるようにまとめていくだけ。パーツの数はバランスを見て、増減OK。イベントに間に合うようお急ぎの方は、ピアスからどうぞ。

17 パンジー

how to make P.76

パンジーは上・下パーツを組み合わせ、
1枚の花に仕立てます。単色にしたい場合は
上下とも同じ色に塗り、2色にしたい場合は
上パーツの2枚を紫などに塗ればOK！
クリヤーでディップした後、マニキュア塗装なので
気軽に楽しめます。

ウ コーム

ア ブレスレット

イ ピアス

18 蝶々の花園 *how to make P.78*
パンジーとネモフィラの花園で戯れる蝶々をイメージ。
蝶々は、羽に入った骨組みワイヤーをゆるまないように作るのがコツ。
本書に載っている蝶々は全て、この作品の応用で作れます。

23

誕生花のピアス

⑲ 1月　水仙　*how to make P.80*

⑳ 2月　マーガレット　*how to make P.81*

㉑ 3月　すみれ　*how to make P.82*

㉒ 4月　桜　*how to make P.83*

㉓ 5月　鈴蘭　*how to make P.84*

㉔ 6月　紫陽花　*how to make P.85*

25 7月　百合 *how to make P.86*

26 8月　向日葵 *how to make P.87*

27 9月　りんどう *how to make P.88*

28 10月　ガーベラ *how to make P.89*

29 11月　オンシジウム *how to make P.90*

30 12月　カトレア *how to make P.91*

ゲージ（ゲージパイプ）

花や葉の輪を作るパイプ。側面にワイヤーを通すための溝がついている。9本1組（直径1、1.5、2、2.5、3、3.5、4、5、6cm）で販売。ゲージにないサイズは、色鉛筆や同寸の直径で代用。

地巻きワイヤー

輪にしたり、形をつけて花の形を作る。針金の表面に薄い紙が巻いてあるので、すべりにくく、形がつけやすい。

波型ワイヤー

ドイツのワイヤーブランド『BUCO』の波型ワイヤー。もともと波がついているから、花びらや葉のニュアンスがつけやすい。

アーティスティックワイヤー

真鍮にノンターニッシュ加工を施したワイヤーは、ビーズワークに適したしなやかさと折り曲げ加工や巻きにも耐える十分な耐久性を持つ。コーティング強度も十分でスクラッチにも強く、容易に変色・褪色しない。本書ではノンターニッシュブラス（G）、ノンターニッシュシルバー（S）を使用。

> P.28〜33は説明がわかりやすいよう、地巻きワイヤー（#28）を使用

ディップ液

サイズ：160㎖ /0.7ℓ
カラー：28色
ワイヤーの輪に膜を作る合成樹脂液。混ぜ合わせて好きな色を作ったり、クリヤー（透明）のディップ液を混ぜて薄い色を作ることもできる。

ストレンスナー

ディップ液でつくった膜を強く丈夫にする仕上げ液。水性・油性・スプレーがある。ディップ液に混ぜての使用は不可。必ずディップ液を乾かした後で使用する。水性タイプは刺激臭が少なく作業環境を選ばない。ファンシーカラースプレー使用の場合は油性を推奨。容量：油性0.7ℓ、水性0.7ℓ、スプレー300㎖

空き容器

ディップ液を混ぜ合わせて色を作るときに使う容器。材質はPP（ポリプロピレン）かPE（ポリエチレン）を選ぶ。100均などで購入してもよい。

うすめ液

サイズ：250㎖／1ℓ
ディップ液が濃くなったときや、乾いて固まりかけたときに混ぜてうすめる液。

ファンシーカラースプレー

サイズ：200㎖／カラー：18色
ディップ液で作った作品に吹きかけるスプレー式の着色剤。色を重ねたりぼかしたり、裏側からかけて表側の色を浮き上がらせるのに使用。仕上げは油性ストレンスナーを推奨。

マニキュア

ディップ液でつくった膜や作品に、表側、裏側などから塗る。

ペン

三菱鉛筆シグノ極細0.38㎜のブルーブラック、ボルドーブラックを使用。花の柄や細かい点などを描くのに便利。

缶開け、パレット

缶開けはディップ液を開けるときに使用。パレットはディップ液を混ぜ合わせるときに使用。

メラミンスポンジ（スタイロフォーム）

ディップ液に浸したワイヤーを挿して乾かすための台。うすめ液や、ストレンスナーがつかないよう注意する。

ペップ（花芯）

細糸の両端に、粒が付いている。色や形、大きさも様々あり、作りたい花によって使い分ける。粉状のペップもあり、ボンドで接着する（椿で使用）。

平ペンチ・平ヤットコ

先が平たくなっているため、ワイヤーの成形やカンの開閉に使用。

丸ヤットコ

先が丸くなっているためワイヤーやピンの先を丸めたり、曲げる時に使用。

クラフト用ハサミ、ニッパー

ワイヤーが切れる丈夫なハサミを選ぶ。ピンやチェーンをカットするのにニッパーを使用しても良い。

目打ち

パーツの穴開けなどで使用。

フローラテープ

花や葉をまとめたり、ワイヤーに巻き付けて茎を作るのに使用。12.5mm幅と6mm幅がある。

ボンド（両面テープ）

乾くと透明になるタイプを選ぶ。ワイヤーににしき糸を巻く場合は両面テープを使用してもよい。

にしき糸

茎をきれいにみせるために使用。ワイヤーにボンドを塗ったあと巻く。刺繍糸の太めのタイプが良い。色は銀、胡粉色を使用。（株）ルシアン

バラ芯

スチロール製でバラの芯として使用。大きさがいろいろあるので、作りたい作品に合わせて選ぶ。

花芯用メタルパーツ

花芯用に使用する座金やメタルパーツ。ボンドやワイヤーなどで留める。

スカシパーツ

薄いプレート状の金属パーツ。透かし模様の空いてるところに金具や、紐を繋いで使うことができる。

座金

花のように見えるものが花座、菊の花のように見えるものが菊座と呼ばれている。

ビーズ、パーツ

パール、ナツメ、スワロフスキー、メタルビーズ、ラインストーン、半丸パールなどを花芯や飾りとして使用。

市販パーツ

葉や鳥、蝶々などのメタルパーツやアクリルパーツ、金具つきのタッセルなどを好みで使用。

リボン、紐

ネックレスの紐としてワックスコットンコードを使用。飾りでサテンやオーガンジーのリボンを使用。

アクセサリー金具

丸カン（0.6×4mm）、Cカン（0.6×3×4mm）、三角カン（0.6×5mm）、ダイヤピン（0.4×40mm）、Tピン（0.5×35mm）、カニカン、アジャスター、チェーンなどを使用。

アクセサリー土台

コーム、リング、ハットピン、ピアス金具、かんざし、帯留め・ヘアピン・チョーカーなどを使用。

ワイヤーの基本技法

説明がわかりやすいように、地巻きワイヤー（#28）を使用していますが、作品を作る際は指定のワイヤーをお使いください。

1回巻き
花や葉を1枚ずつ作る

 **1**

 **2**

 **3**

 **4**

ワイヤー5cmを残して巻き始める（乾かすときにスポンジに挿すため）。

指定のゲージにワイヤーを巻きつけ、根元を指ではさむ。

根元をしっかり押さえたまま、ゲージを回して2～3回ねじる。

ゲージからワイヤーを外す。

複数回巻き（例／3回巻き）
花や葉を複数枚まとめて作る

 **1**

 **2** 通す

 **3**

 **4**

ワイヤー5cmを残して巻き始める。指定のゲージに枚数分、輪の大きさを均等にワイヤーを巻く。

根元をしっかり押さえたままゲージを回して1回ねじり、ワイヤーの片方をゲージの溝に通す。

輪の間隔をつめ、根元をしっかり押さえたまま、ゲージの方を2～3回まわしてねじる。

ゲージからワイヤーを外し、根元をしっかりペンチでつぶす（ループの長さを固定するため）。

ねじり巻き（例／間2回ねじり6輪の場合）※〜〜は作品によって異なる　※P.20「小菊」花A で説明
花の中心に穴ができる。花芯を通したり、花びらを何枚も重ねるときに使う。
輪と輪の間でねじる回数（間●回ねじり）を多くすれば、中心の穴が大きくなる。

 **1** 1輪目

 間2回ねじり

 **2** 2輪目　倒す

 間2回ねじり

ゲージにワイヤーの片端を10cm残して1回巻き付け、根元を指で押さえる。

根元をしっかり押さえたまま、ゲージを時計回りに2回まわしてねじる。

根元でねじった部分をゲージに沿って、巻いて行く方向に倒す。

2輪目も1と同様に長い方を巻き付け、ゲージを時計回りに2回まわしてねじる。

クロスねじり ※P.15「睡蓮」花A で説明

1 ワイヤーを真ん中で交差させる。

2 交差部分を3〜4回しっかりねじる。

3 ねじった部分をペンチで曲げ、ワイヤーを下ろす。

4 ワイヤーの1本1本を指の腹でなで、カーブをつけていく。

5 型紙に合わせて根元でワイヤーを束ね、足1本のワイヤーでねじり留める。フローラテープで仮留めしても良い。

6 外側2本のワイヤーに指でウェーブを入れる。

ループ付き

1 共通
ワイヤー10cmを残し、爪楊枝や目打ちに1回巻きし、ループを作る。

1回巻き
ループの位置に注意して、1回巻きする（P.28参照）。

複数回巻き
ループの位置に注意して、複数回巻きする（P.28参照）。
※（例）3回巻き

ゲージをワイヤーから外す。

ねじり巻き
ループの位置に注意して、ねじり巻きする（P.28参照）。
※（例）間2回ねじり6輪

ゲージをワイヤーから外す。

3 3〜6輪目
2を3回繰り返し、6輪にする。

4 ゲージからワイヤーを外す。

5 1輪目　2輪目　ワイヤー
輪を倒して整え、最後のワイヤー1本を、1輪目と2輪目の間に入れる。

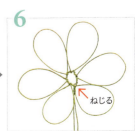

6 足2本を根元で2回ねじる（中心に丸い穴ができる）。ねじる

立体の作り方 ※P.8「桔梗」で説明

1

複数回巻き（P.28参照）したワイヤーを用意する。

2

輪の中にペンチを入れて引っぱり、細くする。

3

先端をペンチで軽くつまみ、とがらせる。

4

指で型紙に合わせて形付けする。

5

輪の上に、別ワイヤー（#30）を2回巻く。

6

ねじる
ゆるまないように、きつく2～3回ねじる。

7

ペンチや指を使って輪を均等に開く。

8

先端で留めたワイヤーを5mm残して切る。

連続葉の作り方（例／1.5cmゲージ1.5cmねじりの場合）※P.12「ローズ」で説明

1

40cm長さのワイヤーを半分に折る。

2

中心に1.5cmゲージを入れ、1回巻いて、根元でねじる。

3
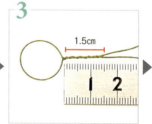
1.5cm
足のワイヤー2本を1.5cmねじる。

4

足2本それぞれに1.5cmゲージを入れ、1回ずつ巻いて根元でねじる。

5
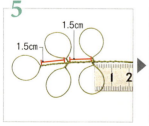
1.5cm
1.5cm
足のワイヤー2本を束ねて1.5cmねじる。4～5を繰り返す。

6

ペンチを輪に入れて引っぱる。

7

先端をペンチで軽くつまんでとがらせる。

8

型紙に合わせて指で広げる。

シングルブリッジ（輪の両端をワイヤーで橋渡しする）

〈足を上げる〉 ※P.8「桔梗」の葉で説明

1

先端をペンチでとがらせ、指で型紙に合わせて広げる。

2

1本の足を葉の先端に持って行き、ワイヤーを内側に1回転させる。

3

きっちり巻いたら、頂点がずれないようにしっかりペンチで押さえる。

4

余ったワイヤーをギリギリで切る。

〈別ブリッジを入れる〉 ※P.8「桔梗」の花で説明

1

別ワイヤーをブリッジの本数分をそえて、根元をフローラテープで巻く。P.91「カトレア」は根元をワイヤーで2回巻く。

2

ブリッジのワイヤーを花の先端で折り曲げ、内側にくぐらせる。

3

巻いたところがずれないように、しっかりペンチで押さえる。

4

余ったワイヤーはギリギリをハサミで切る。

ダブルブリッジ ※P.25「カトレア」で説明

1

先端をペンチでとがらせ、指で型紙に合わせて広げる。

2

別のワイヤー（#28）を1本根元にしっかり巻きつける。

3

花の先端に長い方の足をまっすぐに上に持って行く。

4

花の先端をペンチで押さえ、ワイヤーを内側に1回転させる。

5

先端で巻いたワイヤーをまっすぐ下に下ろす。

6

2本のブリッジの長さが一緒になるようにし、根元をペンチでおさえる。

7

根元のワイヤー1本でねじって留める。

8

完成。

花びらや葉の形付け

1

輪にペンチを入れ、引っ張る。

細くする

先端をペンチや指で軽くはさんで細くする。

とがらせる

先端をペンチではさみ、とがらせる。

丸くする

輪の中にペンチや指を入れて、外側に引っぱり丸くする。

フリル（平面的）

1

横波になるよう、爪やペンチでフリルをつける。

2

ワイヤーが平面的になるように仕上げる。

ウェーブ（立体的）

1

山谷の要領で立体になるよう手でウェーブをつける。

2

ワイヤーが立体的になるように仕上げる。

●葉をくぼませる ※P.21「ポインセチア」で説明

1

1回巻きしたものを型紙にあてる。

2

型紙を参考にペンチで曲げて成形する。

3

輪にペンチを入れて軽く引っぱり、中心をとる。

4

先端をペンチではさんでとがらせる。

●カップ状にする ※P.25「りんどう」で説明

1

指定のゲージを花の中心に入れる。

2

ゲージに沿わせたら指で形を整える。

ゲージを使わず、指の腹でならして丸みをつける。

花芯の作り方

● ペップ ※P.7「菜の花」で説明

1

花芯のペップを揃えて、真ん中でワイヤー(#28)を2回巻く。

2

ワイヤーを下に引っ張りながら、ペップを2つ折りにする。

3

ワイヤーを3回しっかりねじって留める。

4

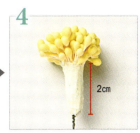

根元にフローラテープを2cm程度巻く。

● パール（ビーズ）、座金

パール(ビーズ)にワイヤーを通し、根元で3回きつくねじる。

穴に通す

パール(ビーズ)の花芯を、座金の中央の穴に通す。

乗せる

パール(ビーズ)にワイヤーを通し、座金の上に乗せる。

留める

裏側でワイヤーを3回きつくねじって留める。

● ビーズ ※P.21「ポインセチア」で説明

1

ワイヤー(#30)15cmにスワロフスキー5個を通す。

2

ワイヤーを丸くして、ビーズ3個分を通して輪にする。

3

ワイヤーをメタルビーズの両穴から通し、交差させる。

4

メタルビーズがスワロフスキーの中心にくるよう調整し、裏でワイヤーを3回ねじって留める。

● パールピック ※P.20「小菊」で説明

1

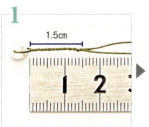

ワイヤー(#30)を40cmに切って、パールに通して半分に折り、パールの根元から1.5cmねじる。

2

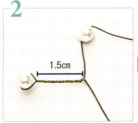

片側のワイヤーにパールを1個通す。

3

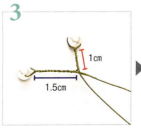

1cm分ねじる

4

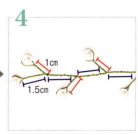

再び2本のワイヤーを1.5cmねじって、2と反対側の足にパール1個を通し1cm分ねじる。これを指定の回数繰り返す。

ディップ液の調合・調整

調合液の作り方（ディップ液を混ぜて好きな色を作る）

※（例）クリヤーにチェリーレッドを入れる

1
カラー配分の割合を参考に使う量だけディップ液（クリヤー）を別容器に移す。

2
パレットナイフで色（チェリーレッド）を少しずつ混ぜる。

3
混ぜた直後にディップすると気泡が多く色ムラができるので、少し時間を置く。

4
気泡が無くなってからディップする。パレットナイフはウェットティッシュで拭いてキレイにしておく。

微量な色を混ぜる

（例）サーモンピンク調合液… クリヤー9：チェリーレッド1（弱） ＋オレンジ、スノーホワイト各微量

1
クリヤー9：チェリーレッド1（弱） の割合を参考にディップ液を別容器に移して混ぜる。

2
スノーホワイトを爪楊枝の先に2〜3回取り、グルグル混ぜて色をなじませる。

3
オレンジ色を爪楊枝の先に2〜3回取り、グルグル混ぜて色をなじませる。

4
ボトルを傾けなくてもディップできるくらいの分量を作るのが基本。

固く（濃く）なったディップ液をうすめ液でうすめる

※うすめ液を使用するときは、閉め切った部屋ではなく、必ず十分な換気を行うこと。

1
うすめ液をこぼれないように、固く（濃く）なったディップ液に少しずつ入れる。

2
足すごとに混ぜ合わせる。

3
パレットナイフの先から、途切れなく糸を引く程度の固さがベスト。

4
うすめ過ぎたときは、ふたを開けて蒸発させる。

ディップ液で着色する
ディップ液に、形付けしたワイヤーをつけて膜を作ることを「ディップする」といいます。

ディップする

| 1回巻き | | ねじり巻き・複数回巻き・カップ状 | 共通（乾燥させる） |

形付けしたワイヤーの根本まで液につける。

すくい上げるように引き上げ、輪の先端を上に上げる。

形付けしたワイヤーを垂直に根元まで液につけ、そのまま引き上げる。引き上げらすぐにひっくり返す。

メラミンスポンジ（スタイロフォーム）に挿し、乾燥させる（10〜20分程度）。

フレームづけ（マーブル状の模様をつける）※ P.21「ポインセチア」で説明

成形したワイヤーの先端に模様の色（グリーン）をつける。

1が乾かないうちに、1でつけた色（グリーン）が沈まないようにベースの色（レッド）をつける。口の広い容器が作業しやすい。

先端を上にして引き上げると、ワイヤーに膜が張られる。先端の液が流れてマーブル状の模様がつく。

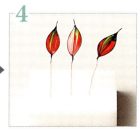
メラミンスポンジ（スタイロフォーム）に挿し、乾燥させる（10〜20分程度）。

かぶせづけ（球体、立体に膜を張る）※ P.14「鬼灯」で説明

ディップする本体よりもひと回り大きい輪をワイヤー（#24〜26）で作る。

大きい輪を液につけて膜を張り、立体を通す。輪にふれると膜が破れるので注意。

大きい輪を左右に動かして膜を破り、輪に触れないように注意して立体を取り出す。

メラミンスポンジ（スタイロフォーム）に挿し、乾燥させる（10〜20分程度）。

┃カラースプレー ※火気厳禁、換気を十分に行う ※P.17「牡丹」で説明

1 ディップした花をよく乾燥させる。乾燥が不十分だと皺やよれの原因になる。

2 20〜30cm離して勢い良く裏面にスプレー（ライトグリーン）し、乾燥させる。

3 乾燥した2に、ホワイトを重ねると、最初に塗った色を際立たせる効果がある。

4 メラミンスポンジ（スタイロフォーム）に挿し、乾燥させる（10〜20分程度）。

┃マニキュア ※P.18「アネモネ」で説明

1 クリヤーでディップし、乾燥させる。乾燥が不十分だと皺やよれの原因になる。

2 ディップした面の裏からマニキュアを塗る。

3 広い面を塗る場合はマニキュアをたっぷりとる。

4 一面を一気に塗る。

┃仕上げ（ストレンスナー）※P.23「蝶々」で説明

ディップ液で作った膜を強化して丈夫にする液。作品作りに欠かせない。
水性、油性、スプレーの3種類があり、本書では、水性ストレンスナーを使用している。

ディップ液で作った膜を強化する液。水性、油性、スプレーの3種類があり、本書では水性を使用（ファンシーカラースプレーを使用の場合は油性を推奨）。

1 ディップ液に混ぜて使うことはできない。ディップの膜が完全に乾いてから、根元までつける。

2 液をしっかりふりおとす。

3 メラミンスポンジ（スタイロフォーム）に挿して完全に乾かす（半日以上）。つけて乾かすことを繰り返すとより丈夫になる。

作品別、パーツの着色説明

カラーで確認しておきたい作品をピックアップして紹介します。色を塗ったら、乾燥させてから次の作業をするのが基本です。

07 紫陽花（P.10）　※スプレーを使用する際は換気を十分に行う

花A、B、C			葉

パールバイオレットとスカイブルーのディップ液を先端につける。	クリヤーでディップし、乾燥させる。	裏からスプレー（ホワイト）をする。	クリヤーでディップし、乾燥させる。裏からマニキュア（緑）を塗って乾燥させる。

08 藤（P.11）

花（外）	花（内）	花（内＋外）	葉

クリヤーでディップし、乾燥後、花（外）は裏からマニキュア（薄紫）を塗る。	クリヤーでディップし、乾燥後、花（内）は裏からマニキュア（濃紫）を塗る。	重ねると、このようになる（詳細はP.58参照）。	クリヤーでディップし、乾燥後、葉は裏からマニキュア（緑）を塗る。

11 睡蓮（P.15）

花		花芯	葉

花パーツの先端にチェリー調合液をつける。	ホワイト調合液をベースにフレームづけする（P.35参照）。	花芯をクリヤーでディップし、乾燥後、裏からマニキュア（黄）を塗る。	葉はクリヤーでディップし、乾燥後、裏からマニキュア（緑）を塗る。

13 牡丹（P.17）　※共通…クリヤーでディップし、乾燥後、裏からスプレーする。※火気厳禁、換気を十分に行う

㋐、㋑花（紫）	㋒花（緑）	㋓花（白）	葉

裏からバイオレットをスプレーし、乾燥させる。濃淡は塗り重ね具合で調整。	裏から根元にライトグリーンをぼかしながらスプレーし、乾燥後、ホワイトのスプレーをぼかす。	裏から根元にマニキュア（紫）を塗り、乾燥後、ホワイトのスプレーをぼかす。	㋐、㋑花（紫）の葉は、裏からライトグリーンをスプレーする。

共通

共通

クリヤーでディップして乾燥後、裏から指定のマニキュア（花A→ベージュ、花B→赤、グレー、花C→ピンク、カーキ、花D・花びら→赤）を塗る。

表からマニキュア（白）で模様を描く。

16 ポインセチア（P.21）

コーム…葉（A、C、E、F）

コーム…葉（B、D）

ピアス…葉（G、H）

葉A、C、Eはレッドでディップする。葉Fはグリーンでディップする。

葉B、Dはグリーンを先端につける。

レッドをベースにフレームづけする（P.35参照）。

葉Gはレッド2枚、葉Hはグリーン2枚、レッド2枚をディップする。

17 パンジー（P.22）　**18** パンジー（P.23『蝶々の花園』）

（共通）クリヤーでディップし乾燥後、裏から指定のマニキュアを塗る（中心黄は表から塗る）。乾燥後、表からペンで模様を描く。

● P.22　※ ㋐ネックレス、㋑コーム…花A＋花B　㋒ピアス…花C＋花Dで組み立てる

（a）紫＋黄

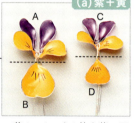

（b）クリーム（中心黄）

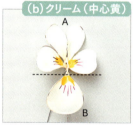

（c）黄

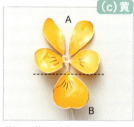

（d）紫＋クリーム（中心黄）

花A、C…上2枚を紫、下2枚を黄で着色。
花B、D…黄で着色。

花A…上2枚をクリーム、下2枚をクリーム（中心黄）で着色。花B…クリーム（中心黄）で着色。

花A…黄で着色。
花B…黄で着色。

花A…上2枚を紫、下2枚をクリーム（中心黄）で着色。
花B…クリーム（中心黄）で着色。

● P.23　※ ㋒コーム…花C＋花Dで組み立てる

縦書き：マニキュア配色、花パーツの組み合わせ説明

（a）赤茶（中心黄）

（b）青（中心黄）

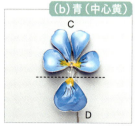

（c）紫＋黄

（d）白（中心黄）

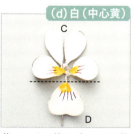

花C…上2枚を赤茶、下2枚を赤茶（中心黄）で着色。
花D…赤茶（中心黄）で着色。

花C…上2枚を青、下2枚を青（中心黄）で着色。
花D…青（中心黄）で着色。

花C…上2枚を紫、下2枚を黄で着色。
花D…黄で着色。

花C…上2枚を白、下2枚を白（中心黄）で着色。
花D…白（中心黄）で着色。

18 ネモフィラ（P.23『蝶々の花園』）

クリヤーでディップし、乾燥させる。

裏からマニキュア（水色）を塗る。

表にマニキュア（白）で模様を描く。

花芯はマニキュア（黒）を塗る。

18 モンシロ蝶（P.23『蝶々の花園』）

クリヤーでディップし、乾燥後、裏からマニキュア（黒）で模様を描く。

裏からマニキュア（白）を塗る。

18 アゲハ蝶（P.23『蝶々の花園』）

クリヤーでディップし、乾燥後、裏からマニキュア（黒）で模様を描く。

黒い模様が乾かないうちに裏からマニキュア（青）を塗ると、色が自然になじんで美しい。

25 7月　百合（P.25）

クリヤーでディップし、乾燥後、表にマニキュア（オレンジ）で線を描き、裏からマニキュア（白）を塗る。

表からペンで模様を描く。

29 11月　オンシジウム（P.25）

クリヤーでディップし、乾燥後、裏からマニキュア（黄）を塗る。

表からペンで模様を描く。

30 12月　カトレア（P.25）

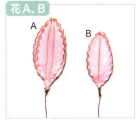

花A、Bをライトピンクでディップし、乾燥させる。

花Cはチェリーレッドでディップし、乾燥させる。

花Cの表にマニキュア（黄）を塗る。

重ねるとこのようになる（詳細はP.91参照）。

花のまとめ方・アクセサリーの仕立て方

※花びらや葉をディップし、ストレンスナーでコーティングしたら、1枚ずつ形やバランスを考えてまとめる。

フローラテープの使い方・まとめ方

〈共通〉

フローラテープは、ずれないように指で押さえながら、花首から巻き始める。

斜め下に引っ張りながら巻くと、粘着が増す。

〈複数の花を1つにまとめる〉

複数の花を、残す花首の下で1つにまとめ、フローラテープを巻く。

〈複数の花を順にまとめる〉

複数の花をずらしながら順に巻いていく。

別ワイヤーでまとめる ※P.16「椿」で説明

1

曲げる

沿わせたいパーツの花首を少し曲げる。

2

花芯の根元に1を添える。

3

根元を別ワイヤー（#30）で2回きつく巻く。

4

指定の枚数ずつ花芯に沿わせ、1回ずつきつく巻く。巻き終わりは2回きつく巻き、最初と最後のワイヤーを2〜3回ねじって留める。

ねじり巻きのまとめ方（ワイヤーを全てカット）※P.25「ガーベラ」で説明

1

花のワイヤーは根元からすべてカットする。

2

中心に目打ちで穴を開ける。

3

ボンドをつけて花芯を通す。

4

花が複数枚ある時は2〜3を繰り返し、花びらが重ならないようにまとめる。

ねじり巻きのまとめ方（一部ワイヤーを残す）※P.12「ローズ」で説明

1

最初の花　ワイヤーカット　最後の花

枚数が多い時は、最初と最後の花のワイヤーのみ残し、残りのワイヤーはカットする。

2

ワイヤーの切り口はペンチで押さえ、平らにしておくと、花が重ねやすい。

3

花の中心に目打ちで穴をあける。

4

ワイヤーあり

最初の花の中心にボンドをつけ、花芯（バラ芯）を通す。

5

足のワイヤーをねじる（ローズはバラ芯を花びらで包み、整えてからワイヤーをねじる）。

6

ワイヤーなし

ワイヤーをカットした花を、順に花びらが重ならないように中心にボンドをつけて通す。

7

ワイヤーあり

最後の花も、中心にボンドをつけて通す。

8

根元でワイヤーをねじる。

Tピンの丸め方

1

パーツに、Tピンを通す。

2

パーツの底を親指で押さえながら、Tピンを根元から直角に折り曲げる。

3

7mm

根元から7mm残してニッパーでカットする。

4

丸ヤットコでピンの先をはさみ、手首を回転させてピンを丸めて輪を作る。

Cカン、丸カン、三角カンの使い方

1

丸カンのつなぎ目が上中心になるよう、平ヤットコ2本ではさむ。

2

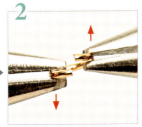

つなぎめ部分を前後にずらしてカンを開く。閉じるときも同様にする。

NG

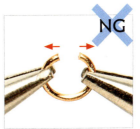

左右に開くと円がゆがんだりすき間ができやすく、きれいに閉じるのが難しい。

スカシパーツの留め方 ※P.22「パンジー」で説明

●スカシパーツや座金を、花やパーツをまとめる土台（ガク）として使用。

1

花びらのワイヤー全てをスカシパーツに通す。

2

違う穴（または横）からワイヤーを上へ引き出す。

3

花とスカシパーツの根元でワイヤーを2～3回巻きつける（ボタン留め）。

ボンドで貼る（裏処理） ※P.25「百合」で説明

1

ねじり部分を切らないようにワイヤーをカットし、ペンチで丸め、座金をボンドで貼る。

ねじり部分→

パーツのめがね留め ※P.14「鬼灯（ほおずき）」で説明

1

ワイヤー2本にパーツ（座金やパール）を通す。

2

1のワイヤー1本を根元でカットする。

3

指で根元から直角に曲げる。

4

丸ヤットコではさみ、手首を回転させてワイヤーを丸め、輪をつくる。

5

輪の根元に2回巻きつける。

6

余分なワイヤーをカットする。

7

形を整えて輪をまっすぐにする。

8

完成。

かんざしのまとめ方 ※P.9「曼珠沙華（まんじゅしゃげ）」で説明

1

フローラテープが巻かれた花首から指定の長さにボンドを塗る（両面テープを巻く）。

2

下から上に向かって、すき間なく、にしき糸を巻く。

3

2をかんざしに沿わせてフローラテープで巻き、固定する。

4

3にボンドを塗り（両面テープを巻き）、にしき糸を巻く。

┃コームのまとめ方 ※P.8「桔梗」、P.20「小菊」以外は 3 からスタートする

1

パーツが多いときは、2束に分けてフローラテープでそれぞれまとめる。

2

足はコームの長さに合わせてカットし、左右から合わせる。

3

フローラテープでまとめる。

4

まとめた花にボンドを塗る（両面テープを巻く）。

5

にしき糸ですきまなく巻いていく。

6

コームに沿わせてワイヤー（#30）で固定し、巻き終わりをねじって留める。※見やすいように地巻きワイヤーを使用。

7

ワイヤーをカットし、断面をペンチでギュっとおさえ、ボンドで留める。

┃シャワーカンのまとめ方 ※P.10「紫陽花」で説明
●たくさんのパーツのワイヤーを、シャワーカンの穴に通して一つのアクセサリー金具にまとめる。

1

シャワーカンの穴に、各パーツのワイヤーを、中心から円を描くように挿す。

2

挿し込んだ全てのワイヤーをまとめて、平ヤットコでねじりあわせる。

3

シャワーカン裏面の中心におさまるように、ペンチで折り、渦巻き状に巻く。

4

余ったワイヤーをニッパーで切る。

5

裏面にボンドをつける。

6

シャワーカンのふたをする。

7

平ヤットコで対角の順にツメを倒す。

8

完成。

作品の作り方

15 小菊　難易度 ★⯪☆

作品ページ → P.20　型紙 → P.94

表記：㋐コーム大　㋑コーム小　㋒イヤーカフ

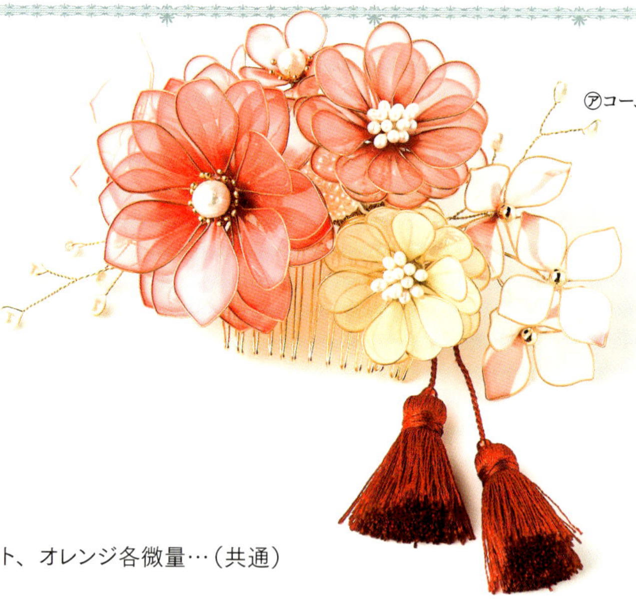

㋐コーム大

〈材料〉 ※(G)…ゴールド

ワイヤー

#26(G)、#28(G)…(共通)
#30(G)…㋐、㋑

着色

● **ディップ液**　パールイエロー…㋐、㋑
(a) サーモンピンク調合液
[クリヤー9：チェリーレッド1(弱)] ＋スノーホワイト、オレンジ各微量…(共通)
(b) ホワイト調合液
[クリヤー9：スノーホワイト1] …㋐、㋑

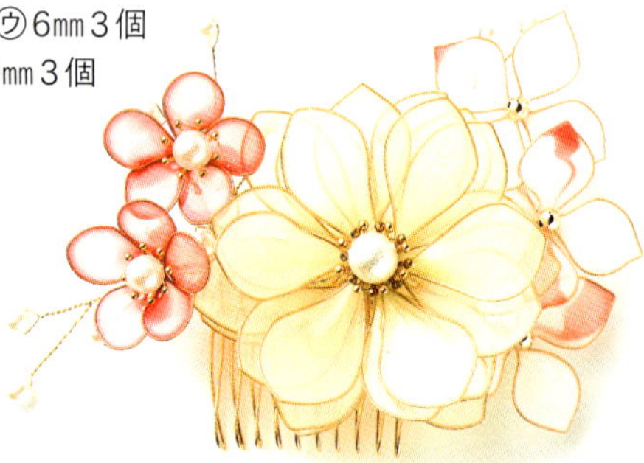

㋑コーム小

花資材

● 花芯用コットンパール(ホワイト)…㋐・㋑8㎜各1個、6㎜各2個、㋒6㎜3個
● 花芯用メタルパーツ(G)…㋐・㋑12㎜各2個、10㎜各2個、㋒10㎜3個
● 花芯用メタルビーズ(G)…㋐4㎜5個、㋑4㎜3個
● 花芯用パールペップ(白)(中)…㋐18本

資材

コーム(G)…㋐6㎝1個、㋑4㎝1個
イヤーカフ金具(G)(座金付)…㋒1個
パールピック用パール(ホワイト)5㎜…㋐・㋑各15個(各3本分)
粒々パールピック…㋐1本
ミニダブルタッセル(赤)…㋐1本
フローラテープ12.5㎜幅(ミントアイボリー)…㋐・㋑適量
にしき糸…㋐・㋑適量

㋒イヤーカフ

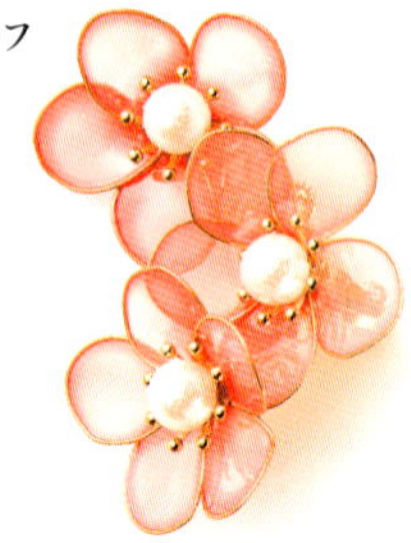

〈下準備〉

● コーム大、コーム小

花A／ねじり巻き

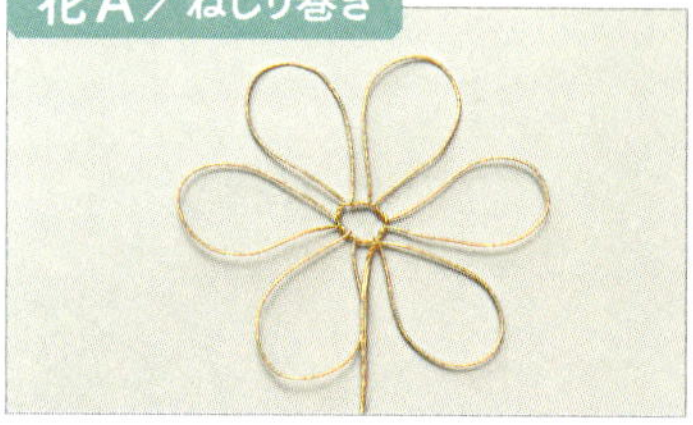

#26・2㎝ゲージ・間2回ねじり6輪…㋐・㋑各4個1セット。

● コーム大

花B／ねじり巻き

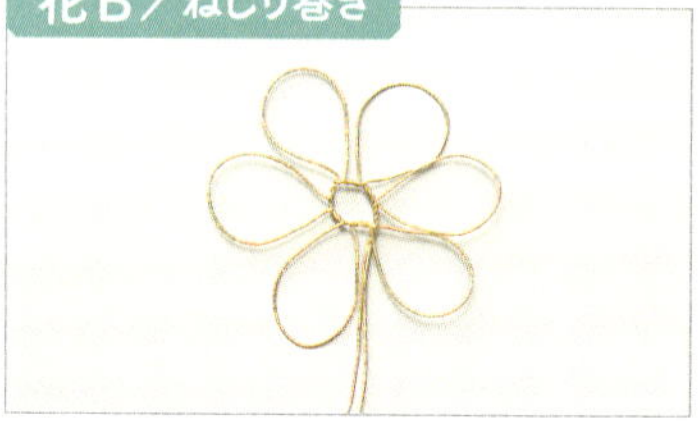

#26・1.5㎝ゲージ・間2回ねじり6輪…㋐4個1セット。

● コーム大

花C／ねじり巻き

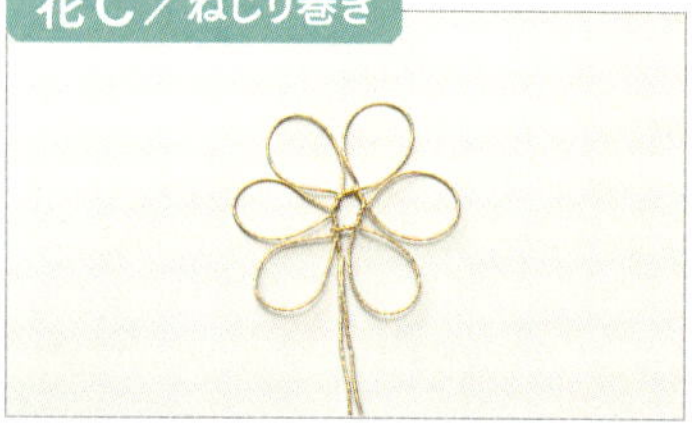

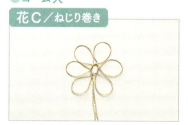

#26・1.2㎝ゲージ・間2回ねじり6輪…㋐4個1セット。

● コーム大、コーム小

花D／複数回巻き

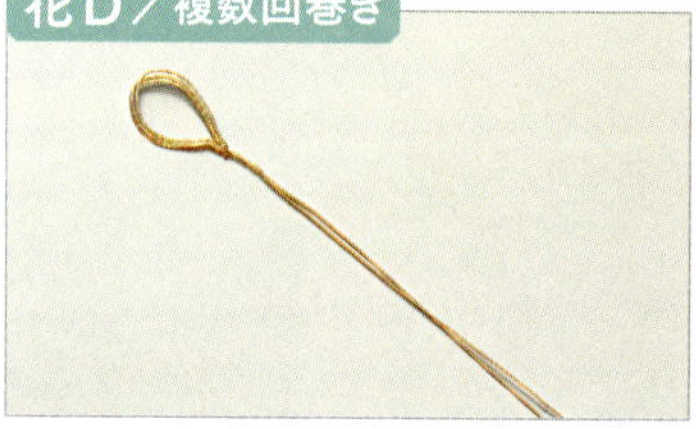

#26・1.5㎝ゲージ・4回巻(足は8㎝)…㋐5個、㋑3個。

● 共通

花E／複数回巻き

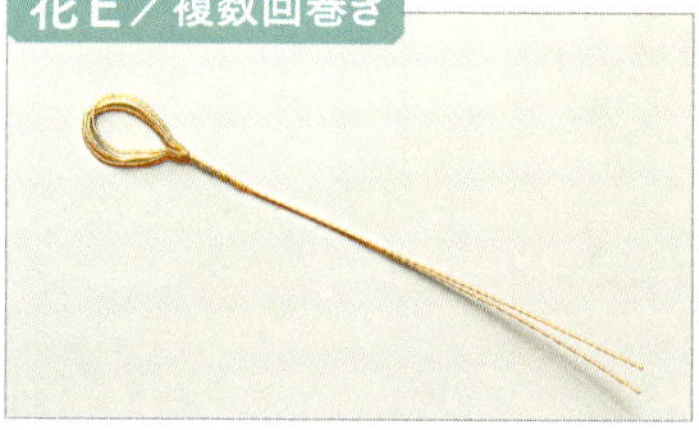

#26・1.2㎝ゲージ・5回巻(足は8㎝)…㋐・㋑各2個、㋒3個。

基本技法はP.28～43参照。

〈パーツの作り方〉

1 花A、B、C

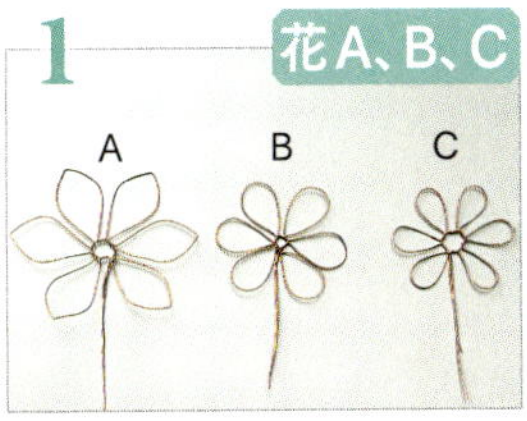

花Aはペンチで先をつまみ、花B、Cは指で型紙通りに形付ける。

2 花D、E

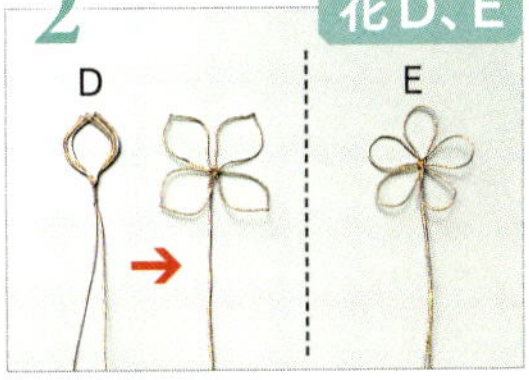

花Dはペンチで先をつまみ、花Eは指で広げて型紙通り形付ける。

3

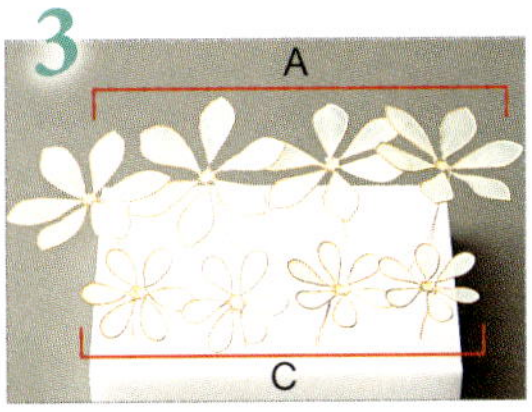

花A、花C各1セットをパールイエローでディップし、乾燥させる。

4

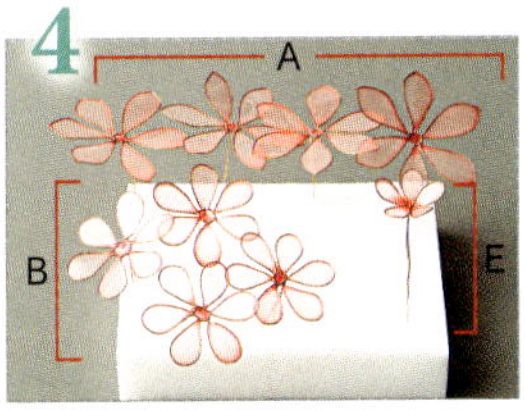

花A、B各1セット、花Eは指定の個数(a)色でディップし、乾燥させる。

5

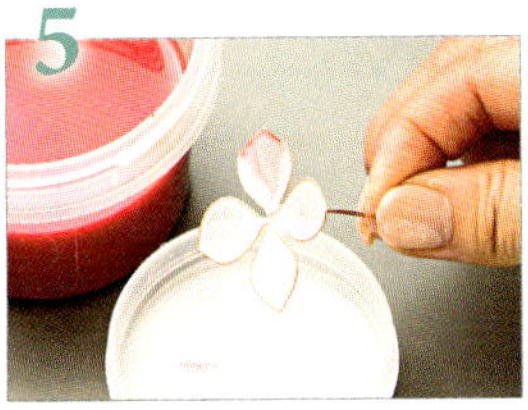

花Dは指定の個数を、先端に(a)色をつけ、ベースの(b)色でフレームづけ(P.35参照)し、乾燥させる。

6

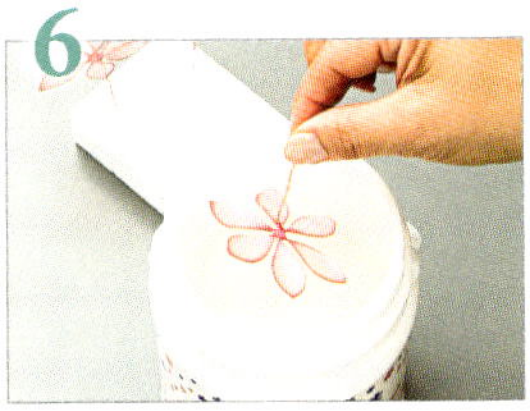

全てのパーツにストレンスナーをつけ、乾燥させる。

7 花A花芯

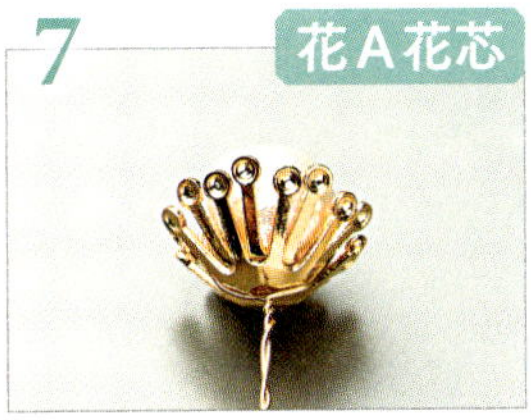

8mmコットンパールにワイヤー(#28)10cmを通し、2重にした12mmメタルパーツに乗せ、花芯を作る(P.33参照)。

8 花B、C花芯

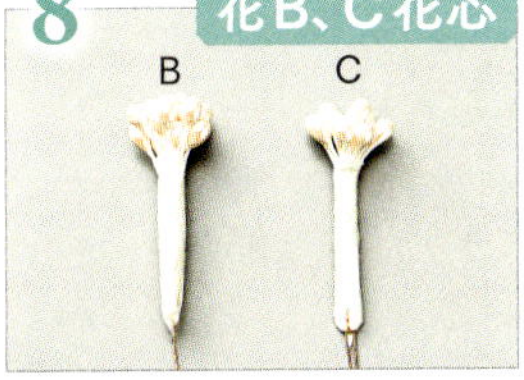

花Bはパールペップ10本、花Cは8本で花芯を作る(P.33参照)。

9 花A、B、Cの組み立て

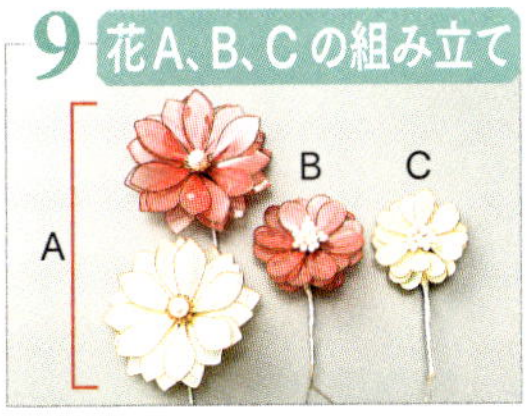

7を花Aの中心に、8を花B、Cの中心に通してまとめ、フローラテープで巻く(P.41ねじり巻きのまとめ方参照)。

10 花Dの組み立て

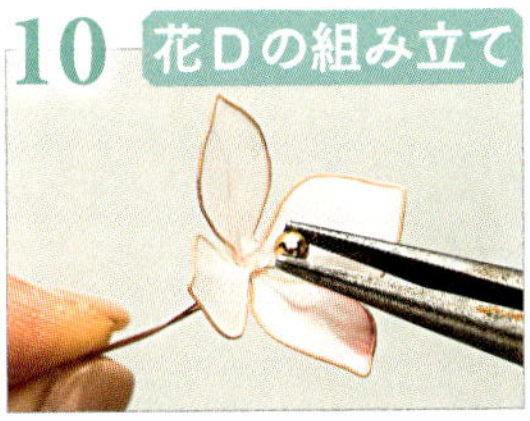

花Dの中心にメタルビーズをボンドで貼る。

11 花Eの組み立て

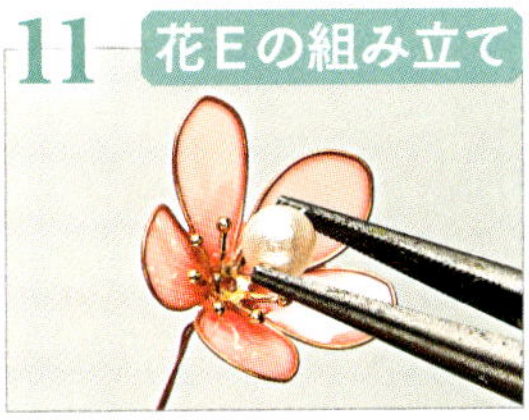

花Eの中心に10mmメタルパーツと6mmコットンパールをボンドで貼る。

12

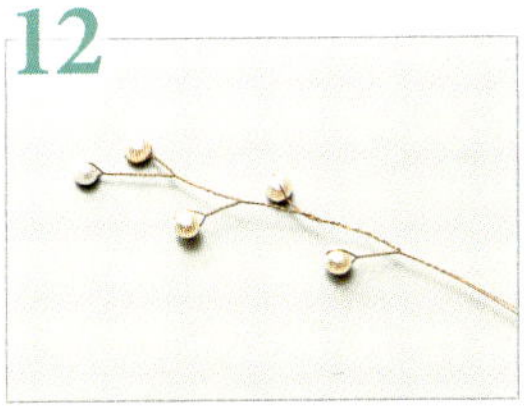

パールピックを作る(P.33参照)。㋐、㋑各3本使用。

〈コーム大に仕立てる〉

1

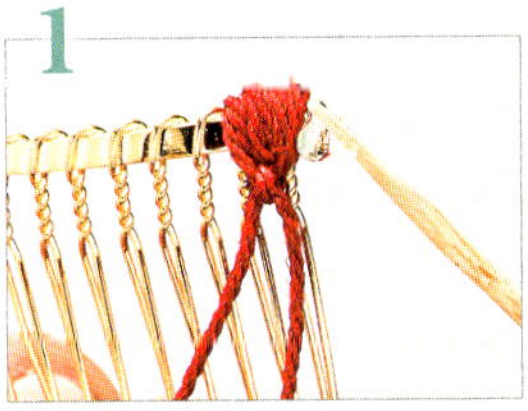

コームにタッセルを巻き付け、ボンドで固定する。

2

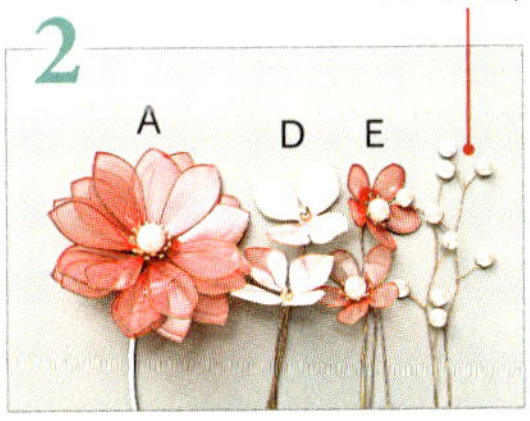

1束目の花をまとめる。花A(a色)1個、花D、花E各2個、パールピック2本をフローラテープでまとめる(P.43参照)。

3

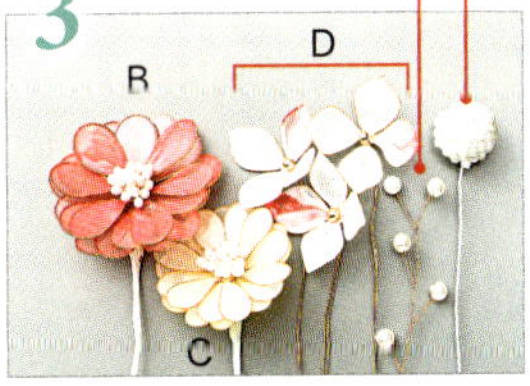

2束目をまとめる。花B、C各1個、花D3個、パールピック1本、粒々パールピック1本をフローラテープでまとめる。

4

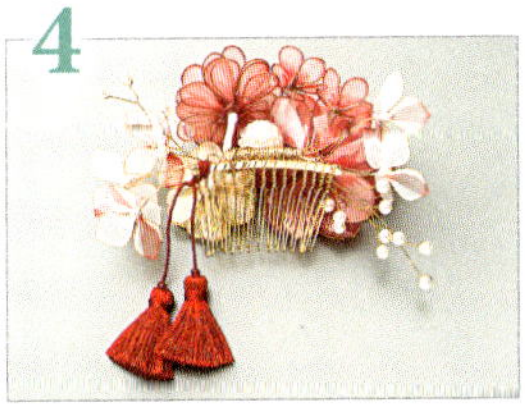

2と3をフローラテープで左右から1つにまとめ、コームに仕立てる(P.43参照)。

〈コーム小に仕立てる〉

1

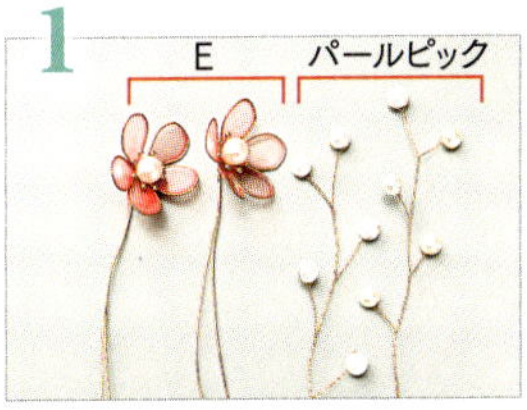

花E2個、パールピック2本をフローラテープでまとめる。

2

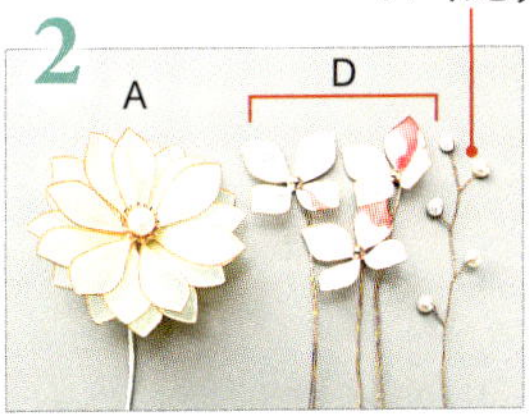

花A(パールイエロー)1個、花D3個、パールピック1本をフローラテープでまとめる。

3

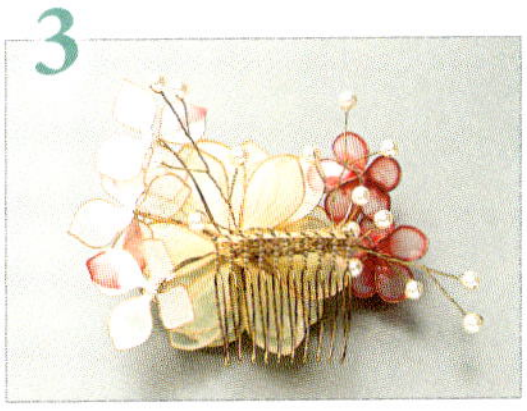

1、2をフローラテープで左右から1つにまとめ、コームに仕立てる(P.43参照)。

〈イヤーカフに仕立てる〉

1

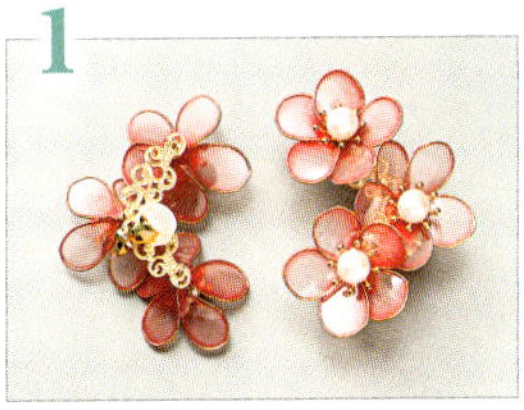

花E3個をイヤーカフ金具につける(P.42スカシパーツの留め方参照)。

07 ローズ

難易度 ★★★

作品ページ → P.12　型 紙 → P.93

表記：㋐ネックレス　㋑ピアス　㋒花冠

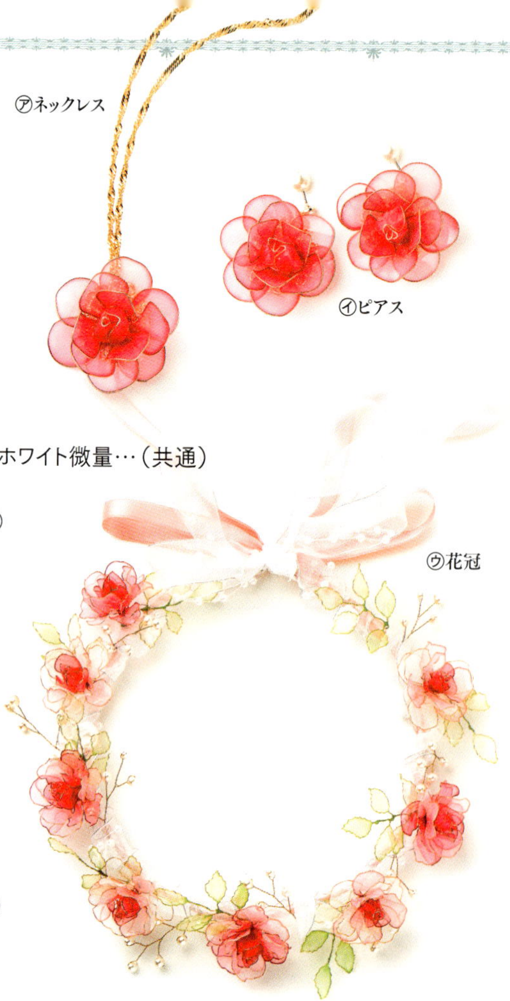

〈材料〉 ※(G)…ゴールド

ワイヤー

#28（G）…（共通）
地巻き#20、波型（G）…㋒

着色

●**ディップ液**

(a)チェリー調合液 クリヤー7：チェリーレッド1：ライトピンク2 ＋スノーホワイト微量…（共通）
(b)ピンク調合液 クリヤー7：ライトピンク3 ＋スノーホワイト微量
(c)ホワイト調合液 クリヤー9：スノーホワイト1
(d)グリーン調合液 クリヤー9：グリーン1 ＋スノーホワイト微量
（(b)〜(d)）…㋒

花資材

バラ芯　8φ…㋐1個、㋑2個、㋒8個
フローラテープ6㎜幅、12.5㎜幅（ライトグリーン）…㋒適量

資材

チェーンネックレス（G）…㋐約45cm
ピアス金具（G）（カン付）…㋑1セット
裏処理用スカシパーツ（G）23㎜…㋐1個、㋑2個
三角カン（G）…㋐1個、㋑2個

パールピック用パール（ホワイト）5㎜…40個（8本分）
サテンリボン（ピンク）12㎜幅…220cm
オーガンジーリボン（ホワイト）25㎜幅…200cm
（以上3点）…㋒

〈下準備〉

●花冠
花A／ねじり巻き

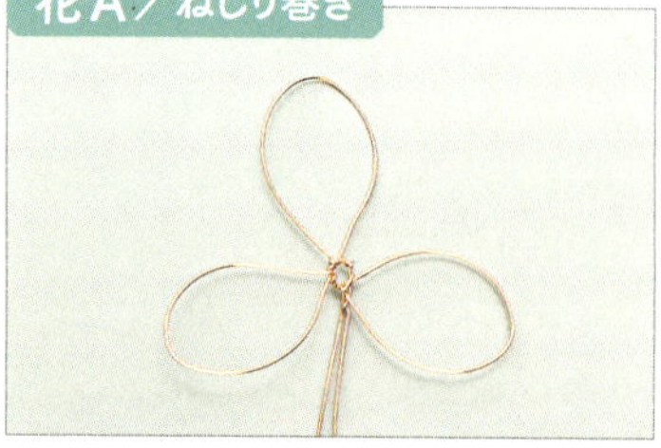

#28・1.5cmゲージ・間2回ねじり3輪…㋒16個

●花冠
花B／ねじり巻き

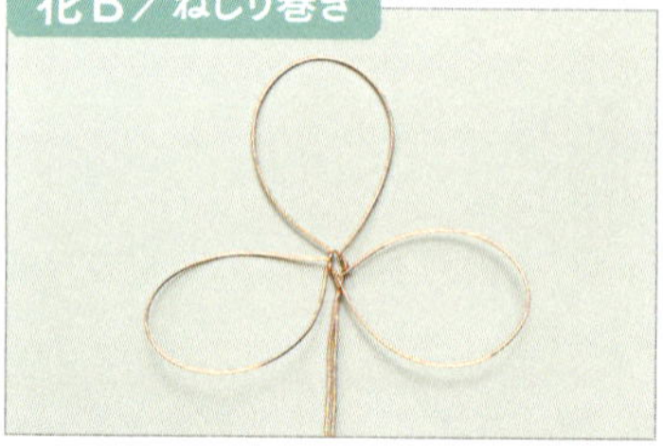

#28・2cmゲージ・間2回ねじり3輪…㋒32個

●花冠
連続葉

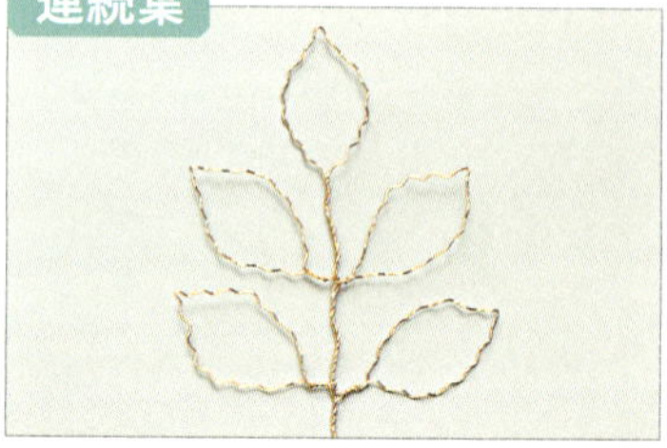

波型（G）・40cm…㋒9本（P.30参照）。

〈花冠の作り方〉

1 花A、B

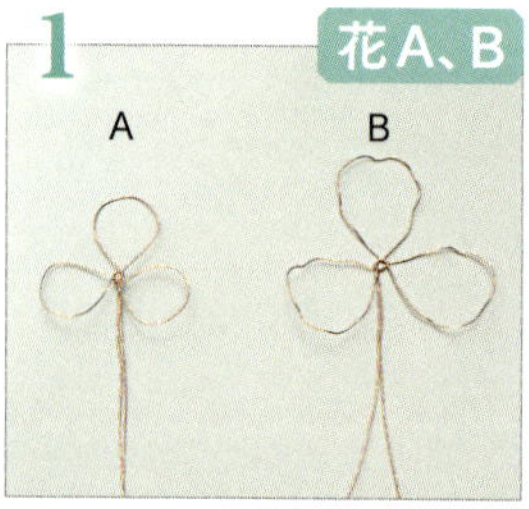

花A、Bは型紙通り形付け、指で丸みをつける。花Bはフリルやウェーブを入れる（P.32参照）。

2

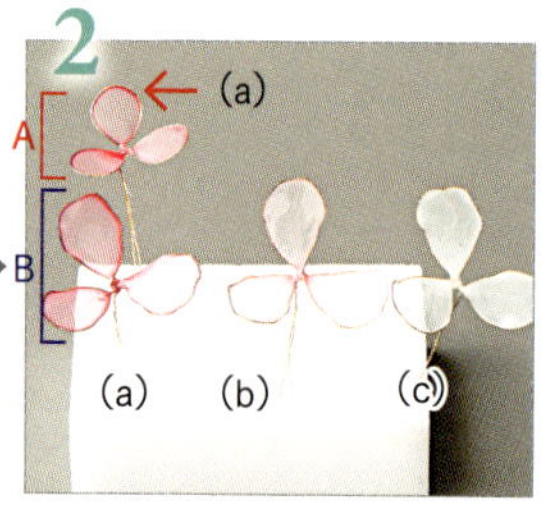

ディップし、乾燥させる。
花A…(a)色16個
花B…(a)色8個、(b)色16個、(c)色8個。

3 バラ芯

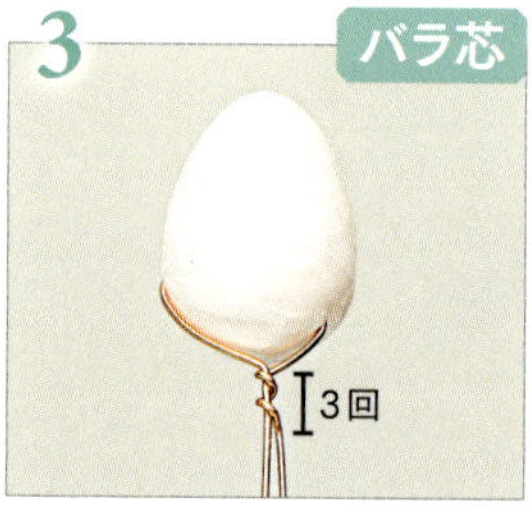

15cmのワイヤー（#28）にバラ芯を通し、根元で3回ねじる。これを指定の数用意する（花冠は8個）。

4

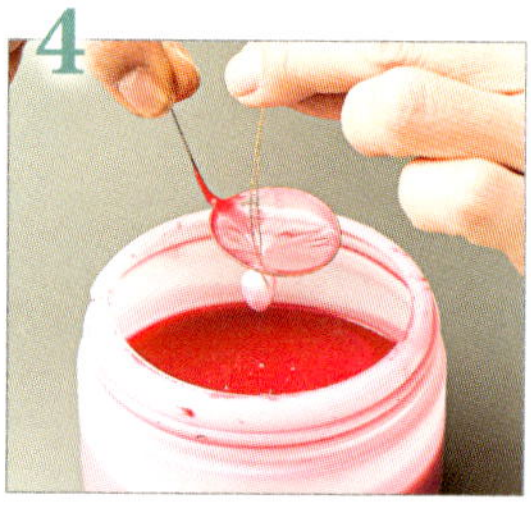

バラ芯を(a)色でかぶせづけする（P.35参照）。

基本技法はP.28〜43参照。

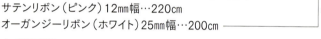

5 連続葉

連続葉は1.5cmゲージの1.5cmねじりで作り（P.30参照）、(d)色でディップし乾燥させる。

6

全てにストレンスナーをつけ、乾燥させる。

7 配色

花芯部分になる花Aは(a)色のみ。花芯周囲の花びらになる花Bは、Ⅰチェリー系、Ⅱローズ系の2色がある。

8 花の準備

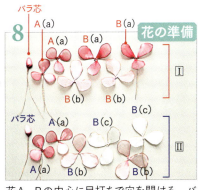

花A、Bの中心に目打ちで穴を開ける。バラ芯、最初と最後の花以外のワイヤーは全て切る。パーツは左から順に束ねていく。

9 花芯部分（花A）

ワイヤーを残した花A(a)色の中心にバラ芯を通して包み込む。フローラテープ6mm幅で巻き下ろしたものを8輪作る。

10

ワイヤーをカットした花A1枚(a)色の中心にボンドをつけ、9を通す。丸みをつけて沿わせる。

11 花びら（花B）

ワイヤーをカットした花B1枚(b)色の中心にボンドをつけ、10に通す。同様にⅠは(a)→(b)の順で、Ⅱは(c)→(b)の順で行う。

12

11にワイヤーを残したB1枚Ⅰは(a)色、Ⅱは(c)色の中心にボンドをつけて通し、まとめる（P.41一部ワイヤーを残すねじり巻きのまとめ方参照）。

13 花冠に仕立てる

花冠の土台を作る。ワイヤー（#20）2本にフローラテープ12.5mm幅を巻き、頭のサイズでカットする。

14

パールピックを作る（P.33参照）。13に葉→バラⅡ→パールピック→葉→バラⅠ→パールピックの順にフローラテープ12.5mm幅で一定方向にまとめていく（P.40参照）。

15

サテンリボンの真ん中100cmに両面テープを貼り、冠の中心から両面テープをはがしながら茎にリボンを巻き留める。リボンは両端60cmが残る。

16

オーガンジーリボンをふんわり絡めて、サテンリボンとあわせ、後ろ側でリボン結びする。

ピアス、ネックレス

〈作り方〉

1　下準備する。
2　形付け、着色、ストレンスナーは、花冠の花A・バラ芯（作り方1〜4、6）と同様。
3　花A全ての中心に目打ちで穴を開け、ワイヤーをカットする。
4　花A1枚にバラ芯を通し、包み込む。
5　花A4枚は中心にボンドをつけ、4に順に通してまとめる（P.40ねじり巻きのまとめ方参照）。指で丸みをつけながら順に沿わせる。a
6　花をスカシパーツに留める。（P.42参照）
7　三角カンでピアス金具、またはネックレスパーツにつける（P.41参照）。

〈下準備〉

●ネックレス、ピアス

花A／ねじり巻き

#28・1.5cmゲージ・間2回ねじり3輪…ア5個、イ10個

Point!

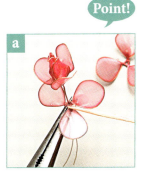

a

01 桜　[難易度]★★☆

作品ページ → P.6　型紙 → P.92

表記：㋐ネックレス　㋑リング　㋒イヤーカフ

㋐ネックレス

㋑リング

〈材料〉 ※（G）…ゴールド

ワイヤー

#28、#30（G）…（共通）

着色

● **ディップ液**　クリヤー…（共通）

● **マニキュア**　淡ピンク、濃ピンク…（共通）

花資材

花芯用パール（ピンク）4㎜…㋐5個、㋑・㋒3個

花芯用座金（G）8.5㎜…㋐5個、㋑・㋒3個

裏処理用座金（G）6㎜ …㋐5個、㋒1個

ナツメパール（ピンク）7㎜…㋐4個

ダイヤピン（クリスタル）（G）0.4㎜…㋐4個

資材

めがね留めチェーン（ピンク）…50㎝

カニカン、アジャスター（G）…1ペア

Cカン（G）…16個

…㋐

リング台（G）（シャワーカン式）12㎜…1個

メタルパーツ（G）…リーフ3個

…㋑

イヤーカフ金具（G）（座金付）…1個

チェーン（G）4㎝…1本

スワロフスキー（ライトローズ）しずく11㎜…1個

Cカン（G）…2個

…㋒

㋒イヤーカフ

〈下準備〉

● 共通

花（小）／ねじり巻き

#30・0.8㎝ゲージ・間1回ねじり5輪…㋐・㋑・㋒各2個

● 共通

花（大）／ねじり巻き

#30・1㎝ゲージ・間1回ねじり5輪…㋐3個、㋑1個、㋒1個

〈ネックレスパーツの作り方〉 ※リング、イヤーカフの花は、〈ネックレスパーツの作り方〉1～9と共通。

1　花（小、大）

先端をペンチではさんで折りこむ。

2

指で広げて形を整える。

3

まっすぐ入れてクリヤーでディップし、乾燥させる。

4

マニキュアを裏面に塗り、乾燥させる。花（大）3個…濃ピンク、花（小）2個…淡ピンク。

基本技法はP.28～43参照。

5

ストレンスナーをつけ、乾燥させる。

6 花芯

ワイヤー（#28）10cmにパールを通し、座金の上に乗せ、裏でワイヤーをねじる（P.33参照）。

7 花の組み立て

5の花のワイヤーを根元でカットする。

8

表中心に目打ちで穴をあける。

〈ネックレスに仕立てる〉

9

6の花芯の裏側にボンドを塗り、花の中心に通す。

10

1本切る

花の裏面に座金を通し、ワイヤー1本を切ってめがね留めする（P.42参照）。

11

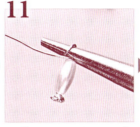

つぼみはナツメパールにダイヤピンを通し、めがね留めする（P.42参照）。

12

約1.5cm

めがね留めチェーンを約1.5cm長さで切ったものを5個用意する。

13

カニカン　アジャスター

Cカン

残りのめがね留め**チェーン**両端に、Cカンで、カニカンとアジャスターをつける。

14

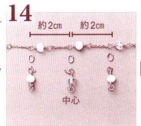

約2cm　約2cm

中心

めがね留め**チェーン**の中心から約2cm間隔で、**12**のパーツ5個をCカンでつける。

15

（小）（大）（小）

14の5個のチェーンに、Cカンで花（大3個、小2個）をつける。

16

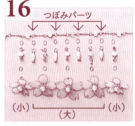

つぼみパーツ

（小）（大）（小）

花と花の間に、Cカンで**11**のつぼみパーツ（4個）をつける。

Point!

〈リングに仕立てる〉

1　メタルパーツ（リーフ）にワイヤー（#28）を通し、根元で3回ねじる。

2　1と濃ピンクの花（大）1個、淡ピンクと濃ピンク花（小）2個をシャワーカンにまとめる **a**（P.43参照）。

〈イヤーカフに仕立てる〉

1　濃ピンクの花（大）1個、淡ピンクと濃ピンク花（小）2個を、イヤーカフ金具につける **b**（スカシパーツのまとめ方P.42参照）。

2　1の下側にCカンでチェーンをつける。

3　ワイヤー（#28）で、スワロフスキー（しずく）と座金を通してめがね留めにし、Cカンでチェーンの下につける。**c**

a

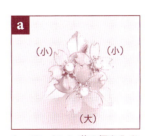

（小）（小）
（大）

シャワーカンに花3個を入れてから、花と花の間にメタルパーツ（リーフ）を入れる。

b、c 表　裏

（大）
（小）
（小）
しずく座金

イヤーカフに花（大）→花（小）→花（小）とバランスよくスカシパーツ留めする。

02 菜の花

難易度 ★☆☆

作品ページ → P.7　型紙 → P.92

表記：㋐かんざし　㋑ピアス

〈材料〉 ※（G）…ゴールド

ワイヤー

#28（G）、#30（G）…（共通）

着色

- **ディップ液**　クリヤー…（共通）
- **マニキュア**　黄…（共通）

花資材

花芯用素玉ペップ大（黄）…㋐50本
花芯用スワロフスキー（ジョンキル）4㎜…㋑30個
花芯用メタルビーズ（G）3㎜…㋐8個、㋑13個
花芯用メタルビーズ（G）3.5㎜…㋐8個

資材

かんざし金具（G）14㎝…1本
フローラテープ12.5㎜幅（ミントアイボリー）…適量
にしき糸…適量
…㋐

ピアス金具（G）（シャワーカン式）10㎜…1ペア
チェーン（G）3㎝、4.5㎝…各1本
蝶パーツ（G）10×12㎜…1個
丸カン（G）…10個
…㋑

㋐かんざし

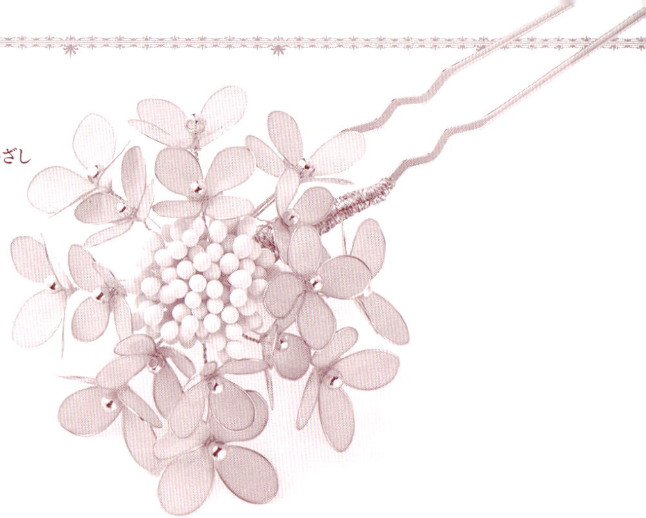

㋑ピアス

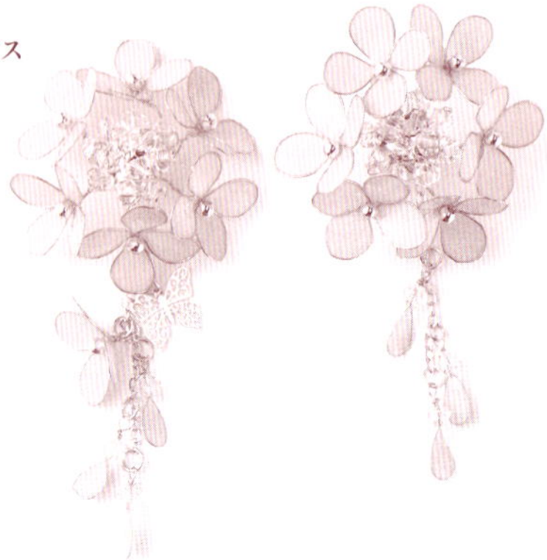

〈下準備〉

● 共通

花A／複数回巻き

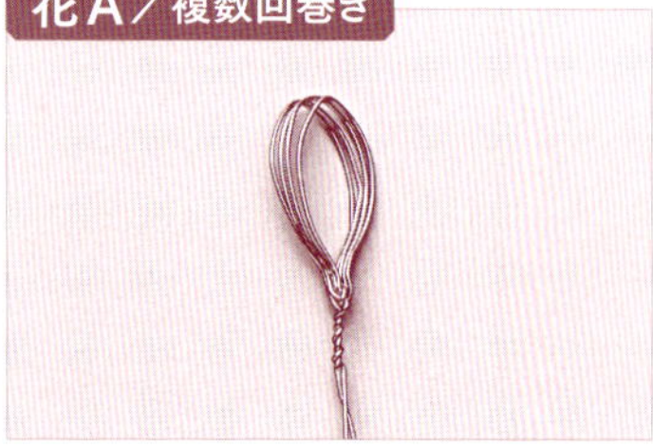

#28・0.8㎝ゲージ・4回巻…㋐8個、㋑13個

● かんざし

花B／複数回巻き

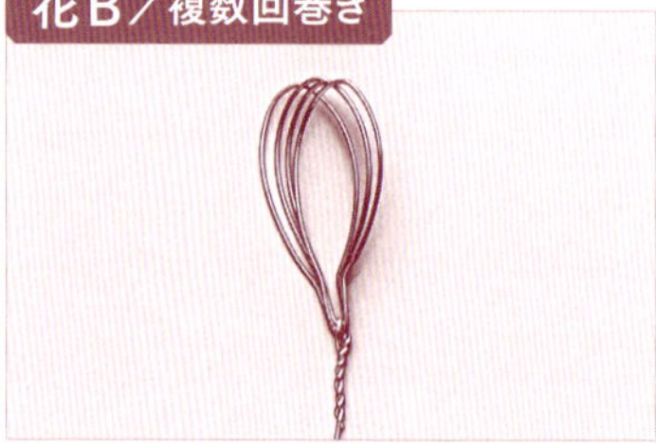

#28・1㎝ゲージ・4回巻き…㋐8個

● ピアス

花びら／1回巻き

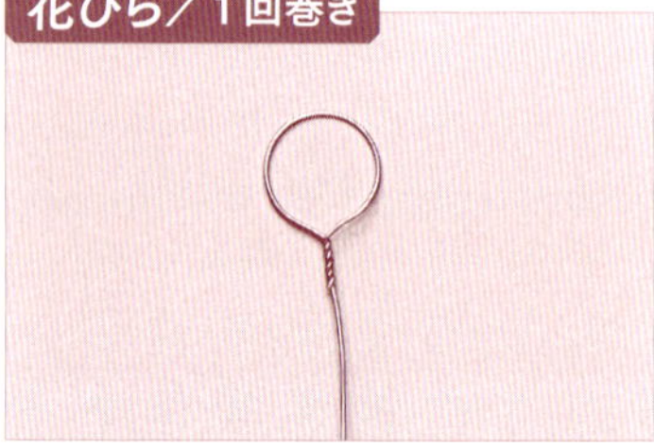

#30・0.6㎝ゲージ・1回巻…㋑6個

〈パーツの作り方〉

1 花A、B

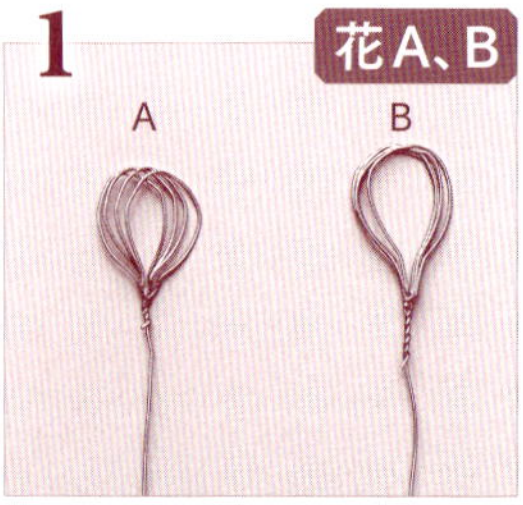

花A、Bの輪にペンチを入れ、少し広げる。

2

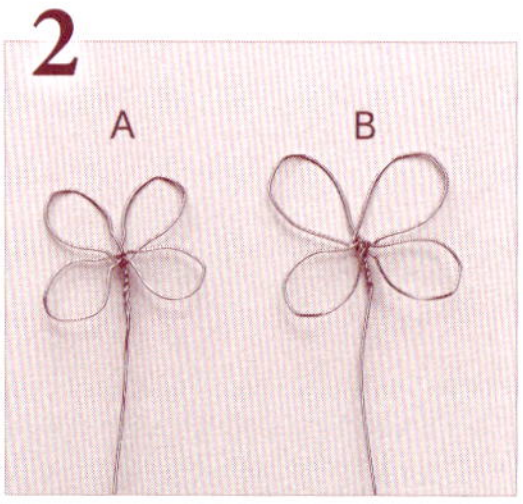

指で開き、形付ける。

3 花びら

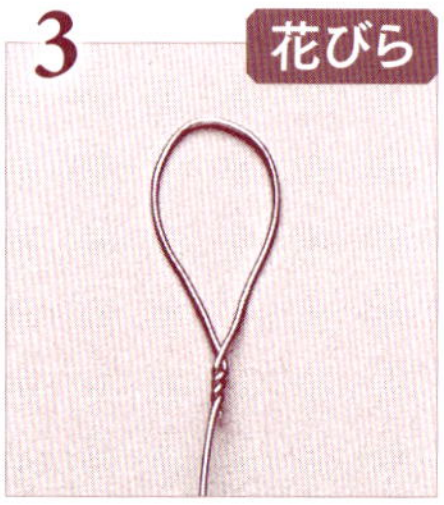

花びらは根元を指で少しつまみ、形付ける。

4

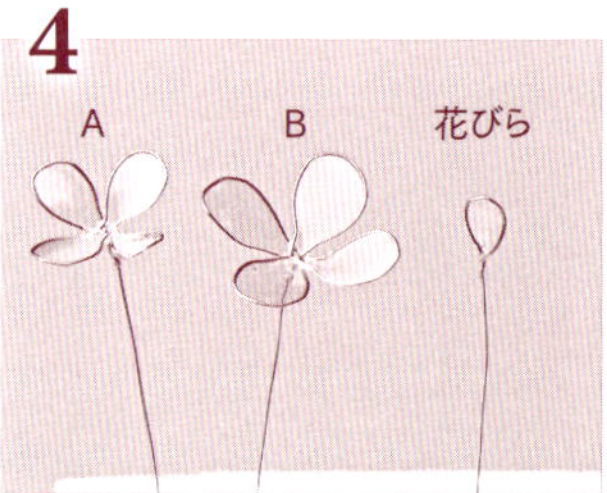

全てをクリヤーでディップし、乾燥させる。㋐花A、B各8個。㋑花A13個、花びら6個。

基本技法はP.28～43参照。

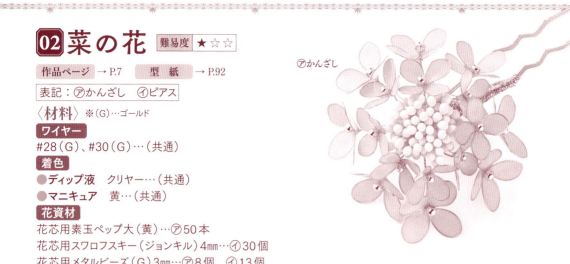

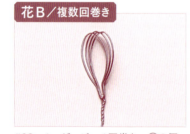

5

花A、Bは裏から、花びらは片面にマニキュア（黄）を塗り、乾燥させる。

6

全てにストレンスナーをつけ、乾燥させる。

7 花A

花Aの中心に3mmのメタルビーズをボンドでつける。

8 花B

花Bの中心に3.5mmのメタルビーズをボンドでつける。

〈ピアスに仕立てる〉

9 花芯

花芯用スワロフスキー12個を1個ずつワイヤー（#30）に通し、シャワーカンに1個ずつ縫いつける。

▶

始めと終わりのワイヤーをねじって留め、余分はハサミで切る。

10 花A

花Aをシャワーカンの穴に花首1.2cmを残して通す。

1.2cm

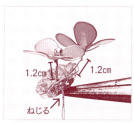

▶

もう1本同様に作業し、裏で2本のワイヤーをねじる。

1.2cm 1.2cm

ねじる

▶

これを3回繰り返し、6個つける。ねじった3本をまとめて、平ヤットコでねじり、シャワーカンにまとめる（P.43の3〜8の手順参照）。

11 花びら

花びらのワイヤーに花芯用スワロフスキーを通し、めがね留めをする（P.42参照）。

12

4.5cm　3cm

チェーンに下から0.8cm間隔で花びら3枚、めがね留めした花A、蝶々パーツを丸カンでつける。

めがね留め

13

12をピアス金具のキャッチに丸カンでつける。

Point!

〈かんざしに仕立てる〉

1

花芯を素玉ペップ（黄）で作る（P.33参照）。

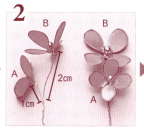

2

花Bの花首2cm下に花Aを花首1cm出して、2本のワイヤーをねじる（8組作る）。

B　B

A

1cm　2cm

A

3

1の周りに2をBの花首から2cm出して、別ワイヤー（#30）で巻き留め（P.40参照）、根元からフローラテープで巻き下ろす。

2cm

4

根元から3cm程に、にしき糸を巻き、かんざしに仕立てる（P.42参照）。

[03] 桔梗　[難易度] ★★★

作品ページ → P.8　型紙 → P.92

表記：㋐かんざし　㋑コーム　㋒ピアス

〈材料〉 ※(S)…シルバー

ワイヤー

#26(S)、#30(S)…㋐、㋑
#28(S)…(共通)

着色

●**ディップ液**

クリヤー…㋐、㋑
バイオレット…㋐、㋒
(a)ブルー調合液 [クリヤー2：ディプシーブルー8]…㋑
(b)グリーン調合液 [クリヤー5：グリーン5]…㋐・㋑

●**マニキュア**　白…㋐、㋑

ピアス花芯パーツ

ラインストーン台座付(S)(クリスタル)4㎜…2個
メタルパーツ(S)10㎜…2個

資材

かんざし金具(S)10㎝…㋐1本
コーム(S)6㎝…㋑1個
フローラテープ6㎜幅(ブラウン)…㋐・㋑適量
にしき糸…㋐、㋑適量

ピアス金具(S)(ボールチェーン式)5.5㎝…1ペア
裏処理用座金(S)7㎜…2個　…㋒
丸カン(S)…2個

㋐かんざし

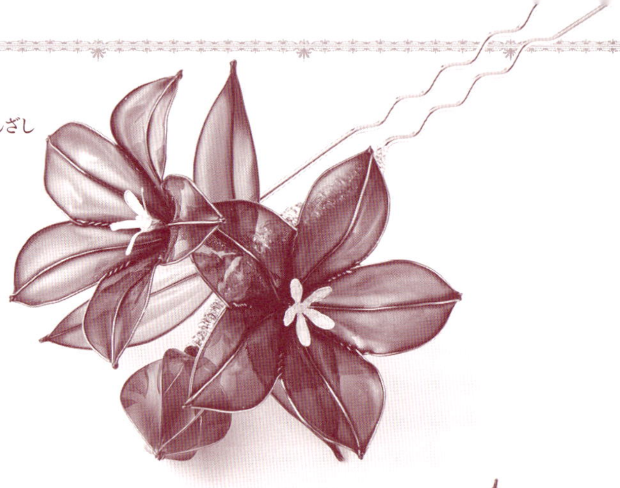

㋑コーム

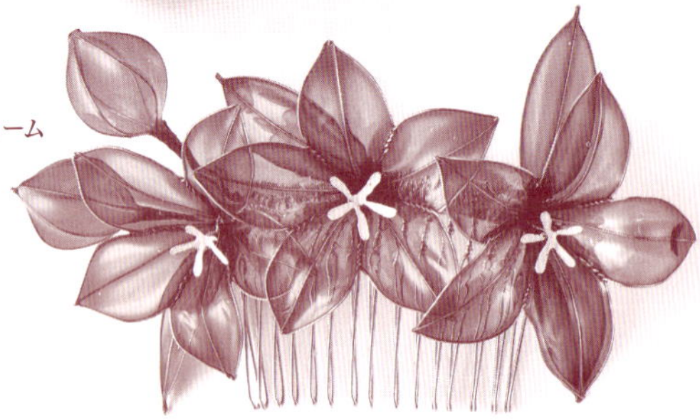

㋒ピアス

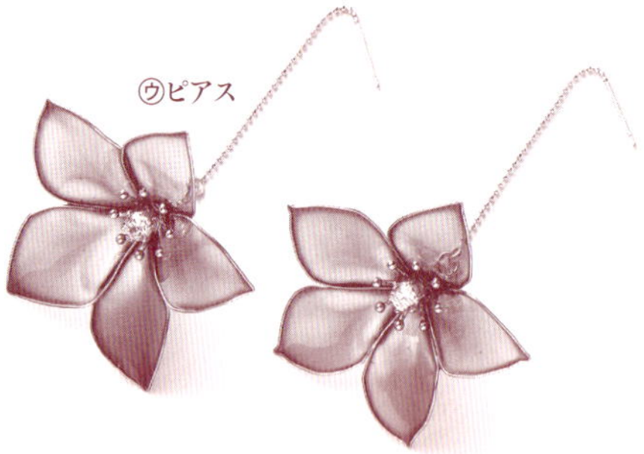

〈下準備〉

●かんざし、コーム

花A

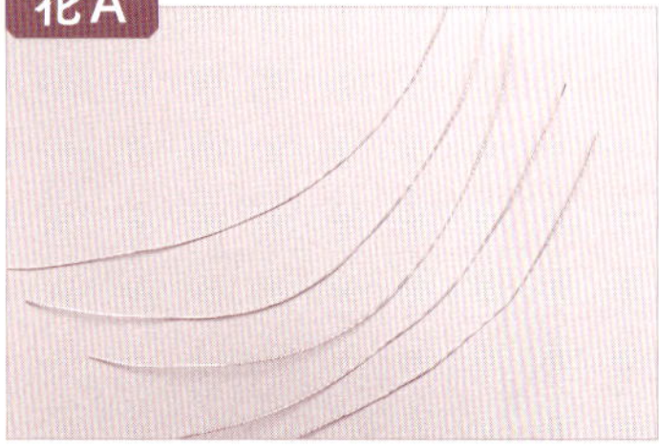

#26・20㎝・5本…㋐2組、㋑3組

●かんざし、コーム

花のブリッジ

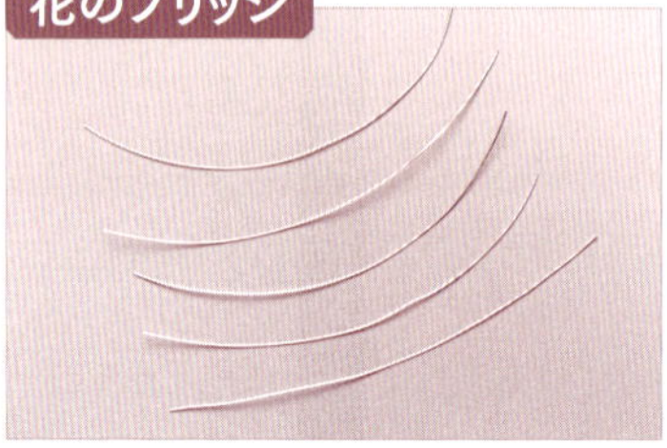

#30・8㎝・5本…㋐2組、㋑3組

●かんざし、コーム

花芯／複数回巻き

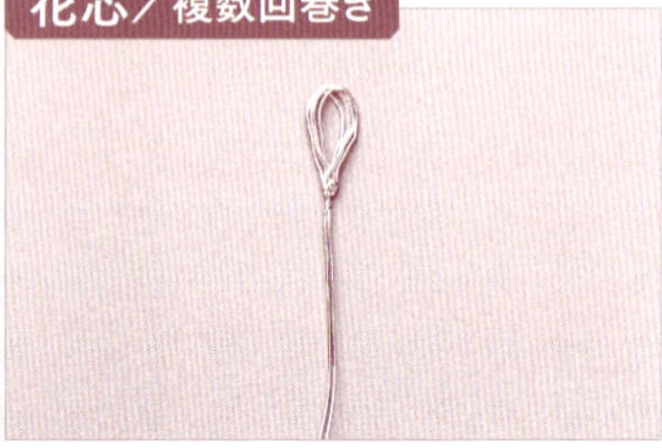

#30・0.5㎝ゲージ・5回巻。…㋐2個、㋑3個

●かんざし、コーム

葉／1回巻き

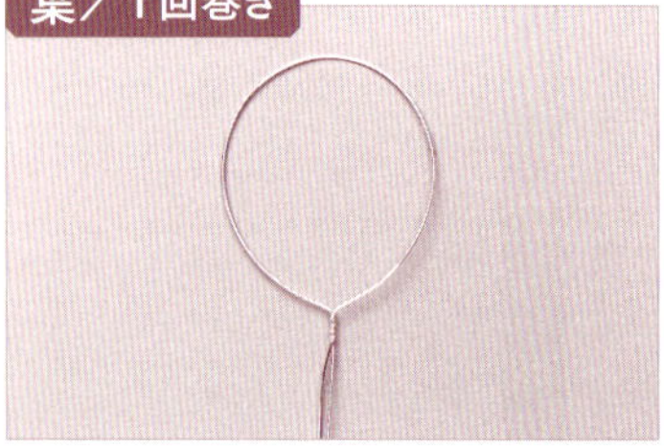

#28・2.5㎝ゲージ・1回巻…㋐3個、㋑4個。

●かんざし、コーム

つぼみ／複数回巻き

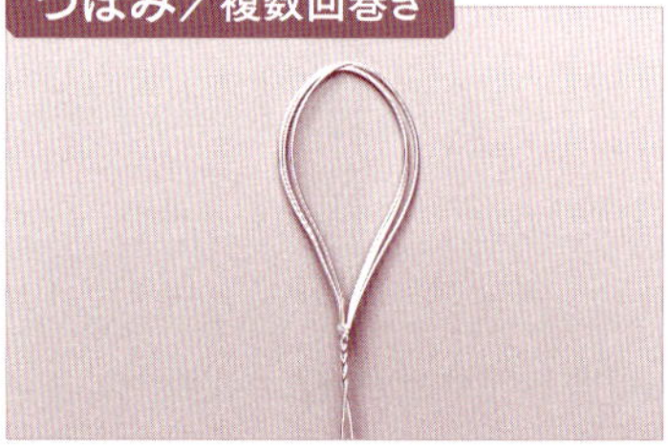

#26・2㎝ゲージ・3回巻…㋐1個、㋑2個

●ピアス

花B／複数回巻き

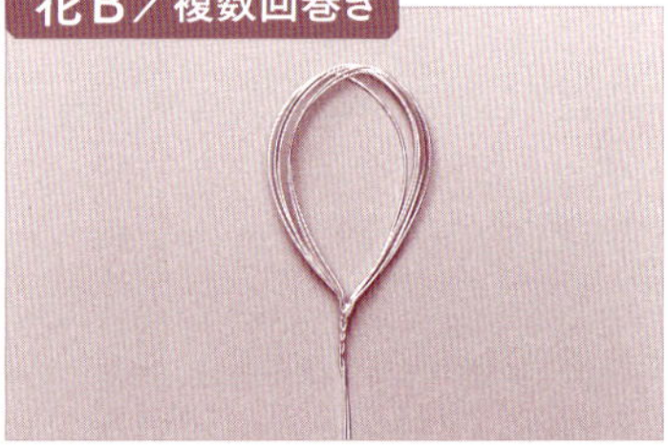

#28・2㎝ゲージ・5回巻…㋒2個

基本技法はP.28～43参照。

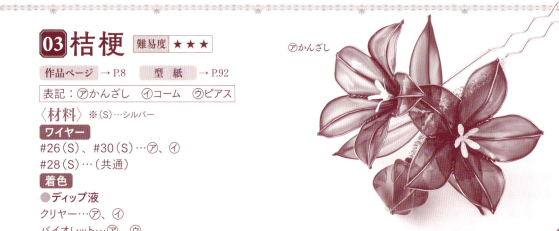

〈かんざし、コームパーツの作り方〉

1

花A

花Aは、ワイヤー（#26）5本を2つ折りにして、先端から2cm下をペンチで折る。

2

4回ねじる

折り曲げた部分をペンチで固定し、指で4回ねじる。

3

足は1本ずつになるようカット

Ⓐ Ⓑ

2を繰り返し、型紙通りに形付けする。ねじった足2本は1本ずつになるようカットする。

4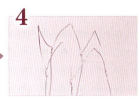

最初のⒶと最後のⒷを重ねてねじり、輪にする。ねじった足は1本にカットする。

5

2cm

4のワイヤーをまとめ、ねじり始めから2cm下をフローラテープで巻き、指で開いて形を整える。

6

花の中央に花のブリッジワイヤーを1本ずつ入れ、花首をフローラテープで巻き、シングルブリッジ（別ブリッジ）を入れる（P.31参照）。

7

花芯

花芯はペンチでつまみ、細くしてから広げ、指で形付ける。

8

つぼみ、葉

つぼみを成形する（P.30参照）。葉はペンチで先をつまみ形付け、シングルブリッジ（足を上げる）を入れる（P.31参照）。

9

花A、葉の着色

花Aは㋐→バイオレット、㋑→（a）色。葉は㋐、㋑→（b）色でディップし、乾燥させる。

10

つぼみの着色

㋐→バイオレット、㋑→（a）色でかぶせづけし（P.35参照）、乾燥後先をギリギリで切り、足をフローラテープで巻く。

11

花芯の着色

㋐、㋑→クリヤーでディップし、乾燥させる。裏にマニキュア（白）を塗り、乾燥させる。

12

花の中央に目打ちで穴を開け、**11**を通し、花首から1cm出して、フローラテープでまとめる。全てにストレンスナーをつけ、乾燥させる。

〈かんざしに仕立てる〉 〈コームに仕立てる〉

バイオレットの花A2個、つぼみ1個は花首から下3cmをにしき糸で巻き、葉3枚をフローラテープでまとめ、かんざしに仕立てる（P.42参照）。

1

花

葉 葉

1束目は花A1個、葉2枚をフローラテープでまとめる。

2

2束目は花A1個、つぼみ2個、葉1枚をフローラテープでまとめ、その下から2cmずらして花A1個、葉1枚をフローラテープでまとめる。

3

1束目と2束目を左右から合わせてフローラテープでまとめ、コームに仕立てる（P.43参照）。

〈ピアスパーツの作り方、ピアスに仕立てる〉

1

花B

花Bは、ペンチで先をつまみ、広げて型紙通りに形付ける。

2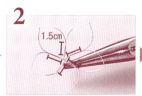

1.5cm

花に隙間がないように、花びらのワイヤーは、中心から1.5cmをぴったりくっつけ、先端を外に反らせて成形する。

3

バイオレットでディップし、乾燥させ、ストレンスナーをして乾燥させる。裏は座金を通してめがね留めをする（P.42参照）。

4

表中央に花芯パーツをボンドで貼り、ピアス金具に丸カンでつける。

04 曼珠沙華（まんじゅしゃげ） 難易度 ★☆☆

作品ページ → P.9　型紙 → P.93

表記：㋐かんざし　㋑イヤーフック

㋐かんざし

〈材料〉※(G)…ゴールド、(S)…シルバー

ワイヤー

#26…赤い花(G)、白い花(S)…㋐
#28…赤い花(G)、白い花(S)…(共通)

着色

●**ディップ液**

赤い花…(a)赤調合液 [レッド8：オレンジ2]…(共通)
白い花…(b)白調合液 [DXパール9：スノーホワイト1]…(共通)

資材

かんざし金具…赤い花(G)、白い花(S)各1個
ラインストーン3㎜…赤い花(ライトシャム)、白い花(クリスタル)各36粒
フローラテープ6㎜幅(ミントアイボリー)…適量
にしき糸…適量
…㋐

イヤーフック金具…赤い花(G)、白い花(S)各1個
チェーンタッセル…赤い花(G)、白い花(S)各1個
座金10㎜…赤い花(G)、白い花(S)各1個
丸カン…赤い花(G)、白い花(S)各1個
…㋑

㋑イヤーフック

〈下準備〉※かんざし、イヤーフック各1個分

●かんざし

花A／複数回巻き

#28・2㎝ゲージ・3回巻き…㋐6個

●かんざし

花B／ねじり巻き

#28・2㎝ゲージ・間2回ねじり3輪…㋐6個

●かんざし

花芯A／複数回巻き

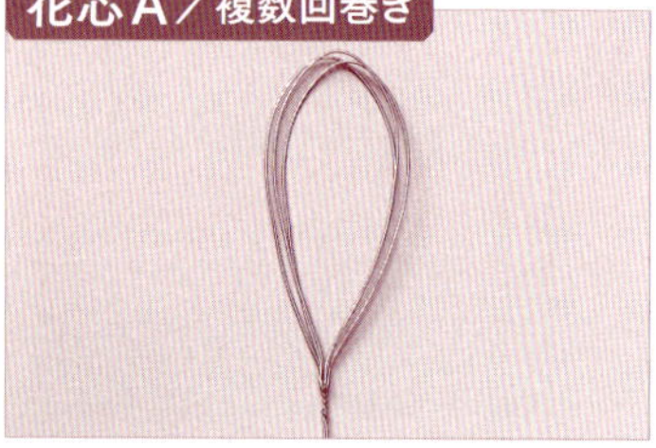

#26・3.5㎝ゲージ・3回巻き…㋐6個

●かんざし

花芯B

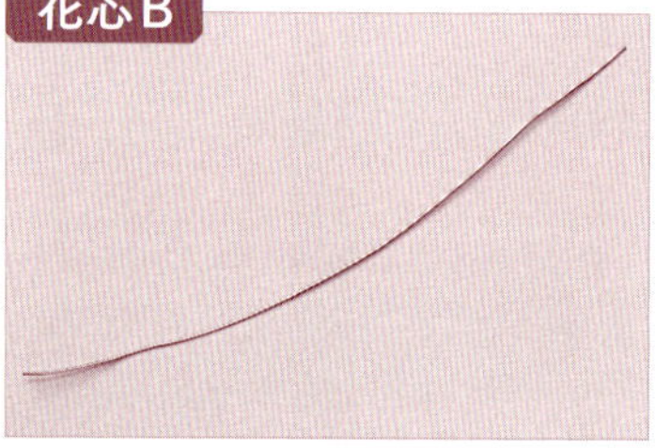

#26・10㎝…㋐6本

●イヤーフック

花C／ねじり巻き

#28・1.5㎝ゲージ・間2回ねじり6輪…㋑1個

 基本技法はP.28～43参照。

〈パーツの作り方〉※1〜5はイヤーフックと共通

1 花A、B、C

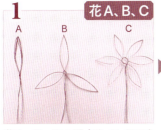

花A、B、Cの頂点をペンチでとがらせる。

2

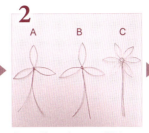

指で型紙に合わせて開く。

3

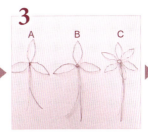

全体に指でウェーブをつける。

4

作りたい花の色でディップし、乾燥させる。赤い花は（a）色、白い花は（b）色。

5

ストレンスナーをつけ、乾燥させる。

6 花芯A

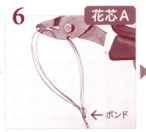

花芯Aの根元にボンドを塗り、完全に乾いたら、ハサミで頂点で切る。

先端を丸ヤットコで丸くする。

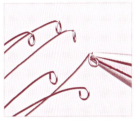

ラインストーンが乗るようにペンチで折る。

ラインストーンをボンドで貼る。

7 花芯B

花芯Bの先端をペンチで少し折りつぶす。

8

花Aと花芯Aのワイヤーの足を1本切る。花芯B→花芯A→花Aをまとめる。

9

8を花Bの中心に入れ、フローラテープで巻きおろす。花びらを指で反らせる。

〈イヤーフックに仕立てる〉

1

タッセルのカンにワイヤー（#28）を通してねじる。根元でワイヤーを1本切る。

2 花C

花Cのワイヤーの足を1本切り、中心にタッセルを入れる。花びらを指で反らせる。

3

座金をかぶせ、めがね留めをする（P.42参照）。丸カンでイヤーフック金具につける。

〈かんざしに仕立てる〉

花首から2.5cmをにしき糸で巻き、6パーツをフローラテープでまとめ、かんざしに仕立てる（P.42参照）。

[05] 紫陽花 [難易度] ★☆☆

作品ページ → P.10　型紙 → P.93

表記：㋐コーム　㋑帯留め　㋒ピアス

〈材料〉※(S)…シルバー

ワイヤー

#26(S)…㋐・㋑　#28(S)…㋑　#30(S)…㋒

着色

●**ディップ液**
クリヤー、パールバイオレット、スカイブルー…(共通)

●**スプレー**　ホワイト…(共通)

●**マニキュア**　緑…㋐・㋑

花資材

花芯用丸小ビーズ(黄)…(共通) 適量

資材

コーム7.5㎝(S)…1個
スカシパーツ(S)…リーフ大3枚
フローラテープ6㎜幅(ミントアイボリー)…適量
にしき糸…適量
…㋐

スカシパーツ(S)…リーフ小1枚
帯留め金具(S)(シャワーカン式)…1個
…㋑

ピアス金具(S)(フック式)… 1ペア
チェーン(S)1.5㎝、2.5㎝…各1本
裏処理用メタルパーツ(S)7㎜…3個
丸カン…2個
…㋒

㋐コーム

㋑帯留め

㋒ピアス

〈下準備〉

●**コーム**

花A／複数回巻き

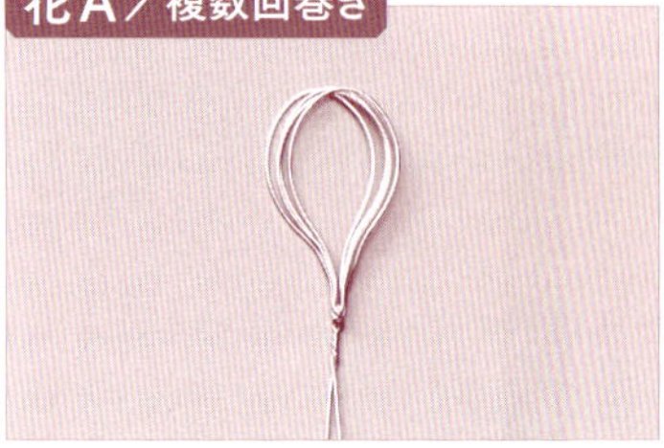

#26・1.5㎝ゲージ・4回巻き…㋐24個

●**帯留め**

花B／複数回巻き

#28・1㎝ゲージ・4回巻き…㋑12個

●**ピアス**

花C／ねじり巻き

#30・0.8㎝ゲージ・間2回ねじり4輪…㋒3個(ループ付き)

〈葉の作り方〉

1

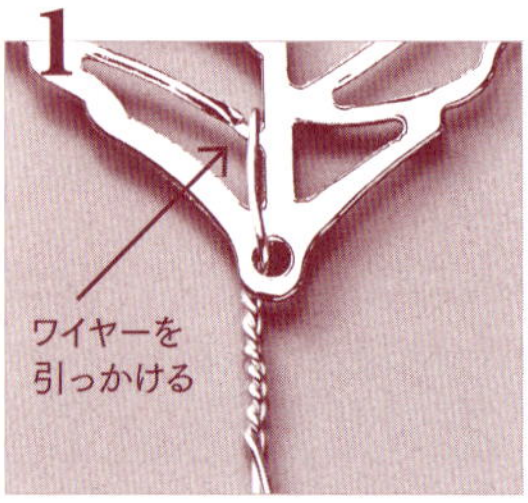

ワイヤー(#26)をスカシパーツ(リーフ)につけ、ねじる。

2

1をクリヤーでディップし、乾燥させる。

3

裏からマニキュア(緑)を塗り、乾燥させる。

4

ストレンスナーをつけ、乾燥させる。

基本技法はP.28～43参照。

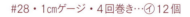

〈花の作り方〉

1

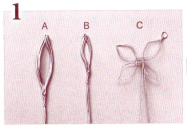

花A、B、Cの先端をペンチでとがらせる。

2

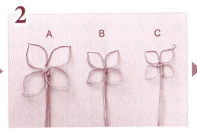

指で型紙に合わせて開く。

3

パールバイオレットとスカイブルーを花の先端のみつける。

4

完全に乾かないうちに**3**をクリヤーでディップ（フレームづけ）して乾燥させる（P.35参照）。

5

スプレー（ホワイト）を裏からかけ、乾燥させる。

6

ストレンスナーをつけ、乾燥させる。

7

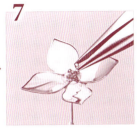

ボンドで中心にビーズを適量貼る。花Bは足のワイヤーを1本切る。

〈コームに仕立てる〉

1 花A

花Aは花首から2cmで3個フローラテープで巻く（計8パーツ）。

2

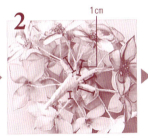

8パーツを束ね、半球になるように1cm下がった部分をフローラテープで巻く。

3

葉3枚をそれぞれフローラテープで巻く。

4

葉2枚→花→葉1枚の順にフローラテープで巻き、コームに仕立てる（P.43参照）。

〈帯留めに仕立てる〉

1 花B

花Bのワイヤーをシャワーカンの中心から円を描くように、シャワーカンにつける。

2

葉はサイドに1枚つける。シャワーカンのまとめ方（P.43参照）。

〈ピアスに仕立てる〉

1 花C

花Cは花首でワイヤーを切る。裏面にボンドでメタルパーツをつける。

2

花Cを1.5cmチェーンに丸カンでつけ、フックに通す。花Cを2.5cmチェーンに丸カンでつけ、花Cとチェーンをフックに通す。

06 藤 難易度 ★ ★ ☆

作品ページ → P.11　型 紙 → P.95

表記：㋐ブローチ　㋑ネックレス　㋒ピアス

〈材料〉 ※(G)…ゴールド

ワイヤー
#28(G)…(共通)

着色
● ディップ液　クリヤー…(共通)
● マニキュア　紫濃淡2色…(共通)
　　　　　　　緑…㋐・㋑

花資材
座金(G)6mm…㋐6個、㋑3個、㋒2個

資材
カブトブローチ(G)53mm…㋐1個
アジャスター付ネックレスチェーン(G)…㋑40cm
ピアス金具(G)(フック式)…㋒1ペア
チェーン(G)…㋐5cm・6cm・7cm各1本、
　　　　　　㋑6cm1本、㋒3cm2本
チェコビーズ(濃淡2色)シズク7.5mm…㋐6個、㋑2個、㋒4個
三角カン(G)…㋐6個、㋑2個、㋒4個
Cカン(G)…㋐18個、㋑8個、㋒4個

㋐ブローチ　㋑ネックレス

㋒ピアス

〈下準備〉

● 共通

花(外)／複数回巻き

←ループ

#28・1.5cmゲージ・2回巻き(ループ付き)
…㋐6個、㋑3個、㋒2個

● 共通

花(内)／複数回巻き

#28・1cmゲージ・3回巻き…㋐6個、
㋑3個、㋒2個

● ブローチ、ネックレス

葉／複数回巻き

#28・1cmゲージ・3回巻き…㋐3個、
㋑2個

〈花・葉パーツの作り方〉

1 花(外)

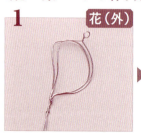

花(外)は指でDの形にする。

2

指でウェーブ(P.32参照)をつける。

3

指で型紙に合わせて開く。

4 花(内)

引っぱり出す↓

花(内)は真ん中の1枚を前に引っぱり出し、後ろ2枚は1〜3の要領で整える。

5

4で前に出した花びらの中心部分をペンチで挟む。

6

5の中央に折り込む。

7 葉

葉の先端をペンチでとがらせる。

8

指で型紙に合わせて開く。

9

全てクリヤーでディップし、乾燥させる。

10 （外） （内） 葉

裏からマニキュアを塗り乾燥させる。花（外）は薄紫、花（内）は濃紫、葉は緑（P.37参照）。

11

全てにストレンスナーをつけ、乾燥させる。

12 （外） （内）

花（外）と花（内）を合わせてねじる。

13

花首を直径6mmになるよう、根本のワイヤーを何重にも巻き、余分なワイヤーは切る。

14

ボンドをつけ、座金をかぶせる。

15

葉は足のワイヤー1本を切り、根元でめがね留めする（P.42参照）。

〈アクセサリー共通手順〉

チェコビーズ（紫濃淡2色）に三角カンをつける。

チェーンの先端に濃紫を、1cm上に淡紫をCカンでつける。

〈ネックレスに仕立てる〉

1

6cmチェーンの先端にCカンで花を1つつけ、1.5cm空けて2つ目の花、さらに1.5cm空けて3つめの花をCカンでつける。

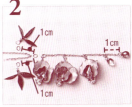

2

Cカンでネックレスチェーンの中心に留め、左右1cm空けた部分にCカンで葉をつける。

〈ブローチに仕立てる〉

1

5、6、7cmチェーンの先端から1cm空けて花をCカンでつける。

2

6、7cmのチェーンは1.5cm空けてCカンで花を1つつけ、7cmはさらに1.5cm空けてCカンで花をつける。

3

カブトブローチにCカンでつけ、5、6、7cmの根元にCカンで葉をつける。

〈ピアスに仕立てる〉

1

フックに花1つとチェーンを通す。

08 マーガレット [難易度] ★⯪☆

[作品ページ] → P.13　[型紙] → P.94

表記：㋐チョーカー　㋑コーム　㋒ピアス

〈材料〉 ※(G)…ゴールド

ワイヤー

#26(G)…(共通)
#30(G)…㋐・㋑

着色

●**ディップ液**

(a)ホワイト調合液[クリヤー9：スノーホワイト1]…(共通)

花資材

花芯用パール(ホワイト)8㎜…㋐・㋑各1個
花芯用パール(ゴールド)4㎜…㋐・㋑適量、㋒4個

資材

チョーカー(S)…㋐1個
サテンリボン(ホワイト)3㎜巾…㋐100㎝2本
フローラテープ12.5㎜幅(ミントアイボリー)…㋐・㋑適量
にしき糸…㋐・㋑適量
コーム(G)4㎝…㋑1個

ピアス金具(G)(フック式)…1ペア
メタルパーツスティックツイスト(G) 3㎝、4㎝…各2本
丸カン(G)…4個
…㋒

㋐チョーカー

㋑コーム

〈下準備〉

●**チョーカー**

花A／ねじり巻き

#26・2.5㎝ゲージ・間2回ねじり6輪。
…㋐4個1セット

●**コーム**

花B／ねじり巻き

#26・2.0㎝ゲージ・間2回ねじり6輪。
…㋑4個1セット

㋒ピアス

●**コーム**

連続葉

#26・45㎝…㋑3本 (P.30参照)

●**チョーカー、コーム**

花C／複数回巻き

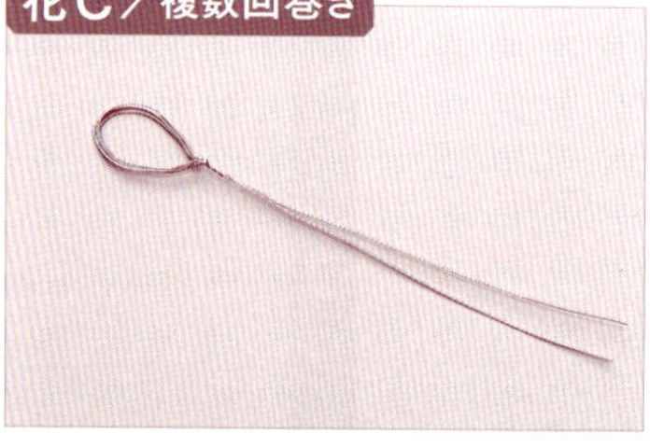

#26・1.5㎝ゲージ・4回巻 (足は8㎝)
…㋐6個、㋑3個。

●**ピアス**

花D／複数回巻き(ループ付き)

#26・1.5㎝ゲージ・4回巻(ループ付き)
…㋒4個。

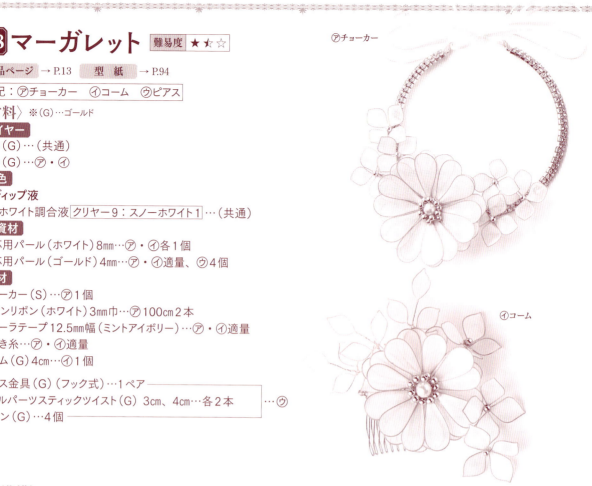

〈パーツの作り方〉 ※花Cは、P.44「小菊」の花Dと共通

1 花A、B

A　B

花A、Bは指で型紙通りに形付ける。

2 花C、D

C　D

花C、Dは先をペンチでつまみ、指で広げ、型紙通りに形付ける。

3 連続葉

連続葉は1.2cmゲージ1.5cmねじりで作る（P.30参照）。

4

1、2、3を全て（a）色でディップし、乾燥させる。ストレンスナーをつけ、乾燥させる。

5 花A、Bの花芯

ワイヤー（#28）10cmをパール（ホワイト）に通し、根元でねじる（P.33参照）。

6 花A、Bの組み立て

5の花芯を花A、Bそれぞれ4枚の中心に通し、花びらが重ならないようにまとめる（P.41ねじり巻きのまとめ方参照）。

7

6のパール花芯のまわりに、パール（ゴールド）をボンドで貼る。

8 花C、Dの組み立て

C　D ← ループ

花C、Dは中心にパール（ゴールド）をボンドで貼る。

〈チョーカーに仕立てる〉

1

花C3個をねじりながらまとめる（2組）。

2

4cm

花Aの左右に1の花が見えるようにフローラテープでまとめ　ワイヤーを4cmに切り、ボンドを塗り、にしき糸を巻く。

3

2を別ワイヤー（#30）でチョーカーにつける。チョーカーの先にリボンを通す。

〈コームに仕立てる〉

1

花B1個、花C3個、連続葉3本をフローラテープでまとめ、4cmに切る。

2

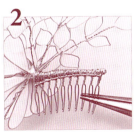

1をコームに仕立てる（P.43参照）。

〈ピアスに仕立てる〉

1

ループ→　めがね留め

花Dをめがね留めする（P.42参照）。

2

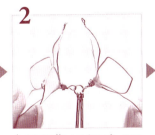

丸カンに花→メタルパーツ→スティックツイスト3cm、4cm各1本→花の順に通す（花は背中あわせに通す）。

3

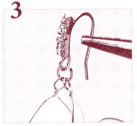

ピアス金具と花2つのループを丸カンでつなげる。

09 鬼灯（ほおずき） 難易度 ★★★

作品ページ → P.14　型紙 → P.95

表記：㋐かんざし　㋑ヘアピン　㋒ピアス

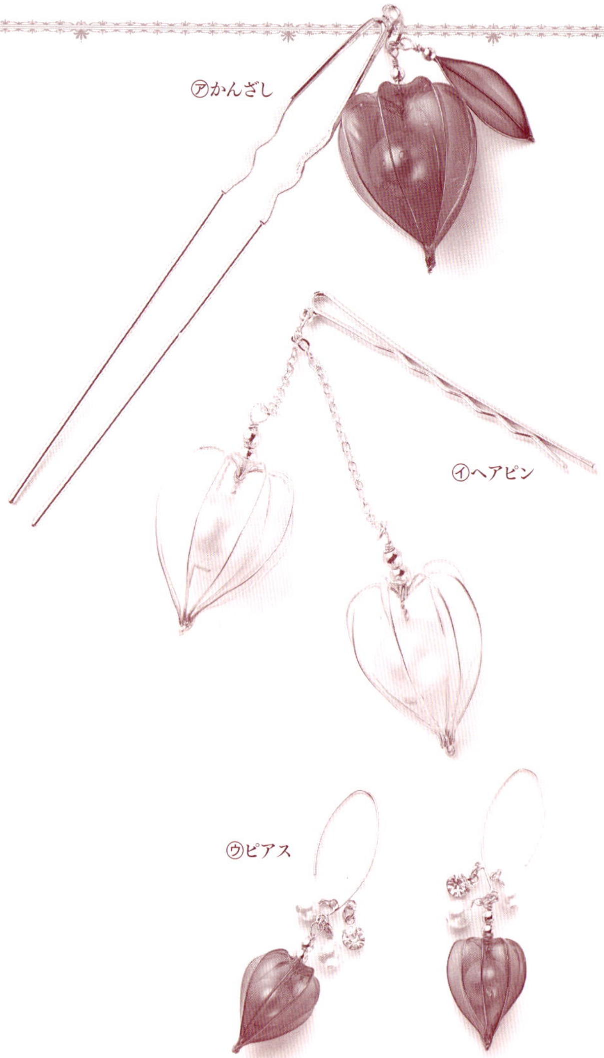

〈材料〉 ※（G）…ゴールド

ワイヤー

#24（G）…㋐、㋑
#26（G）…（共通）

着色

●ディップ液

オレンジ…㋐、㋒
クリヤー…㋑
グリーン…㋐

実資材

パール（ホワイト）…㋐14㎜1個、㋑12㎜2個、㋒10㎜2個

資材

かんざし金具（G）14㎝…1個
メタルパーツリング（G）8㎜…1個　…㋐

ヘアピン（G）5.5㎝…1本
チェーン（G）7㎝…1本　…㋑

ピアス金具（G）（フック式3カン付）…1ペア
Tピン（G）…4本
ラインストーンパーツ（1カン付）…2個
パール（ホワイト）5㎜、6㎜…各2個　…㋒

メタルビーズ（G）3.5㎜…㋐3個、㋑・㋒各4個
丸カン（G）…㋐2個、㋑3個、㋒8個

〈下準備〉

●かんざし

鬼灯（大）／複数回巻き

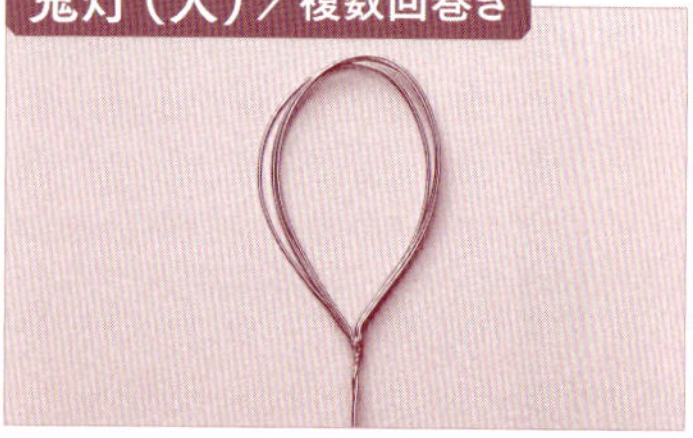

#24・3.5㎝ゲージ・4回巻（足は2.5㎝）…㋐1個

●ヘアピン

鬼灯（中）／複数回巻き

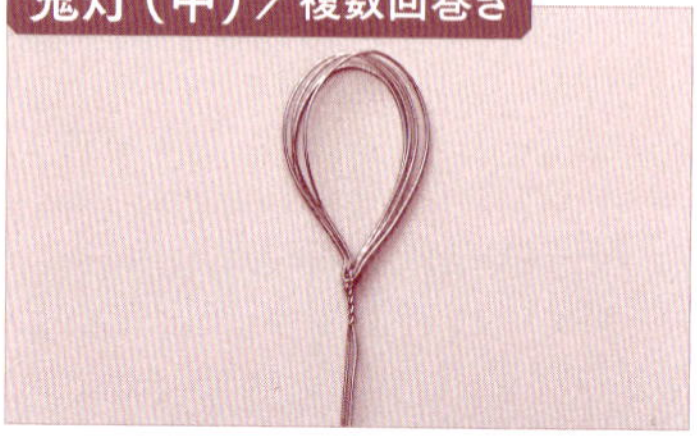

#24・2.5㎝ゲージ・4回巻（足は2.5㎝）…㋑2個

●ピアス

鬼灯（小）／複数回巻き

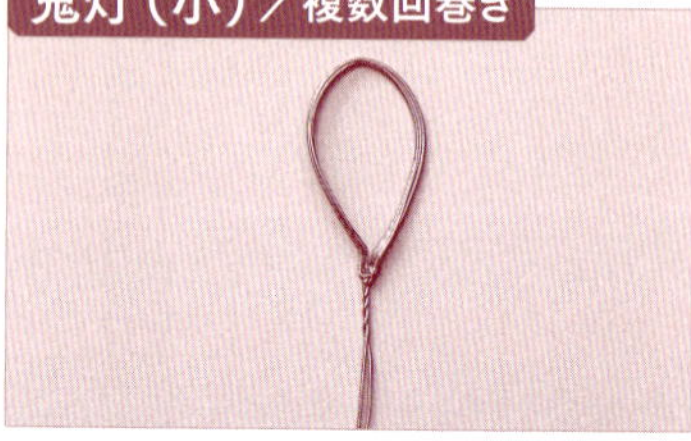

#26・2㎝ゲージ・4回巻（足は2.5㎝）…㋒2個

●かんざし

葉／1回巻き

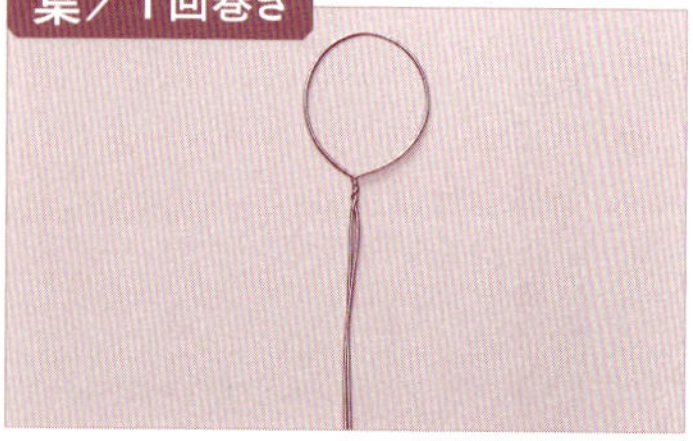

#26・2㎝ゲージ・1回巻…㋐1個

〈鬼灯・葉の作り方〉

1 外皮

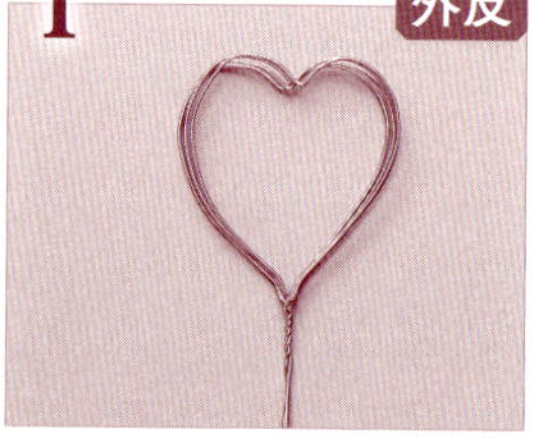

鬼灯は先をペンチでくぼませて、ハート型にし、指で型紙通りに形付ける。

2 実

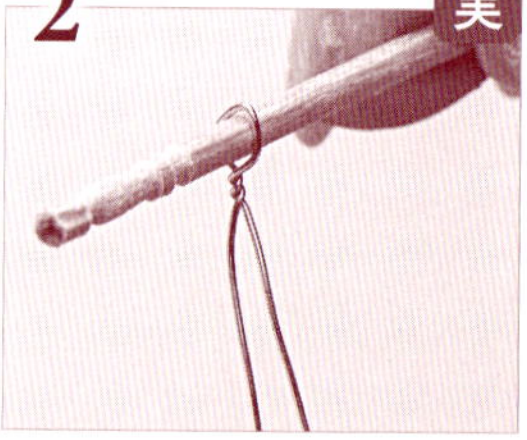

パール（実）に通すワイヤー（#26）15㎝を半分に折り、爪楊枝をそえ、ねじって輪をつくる。

 基本技法はP.28～43参照。

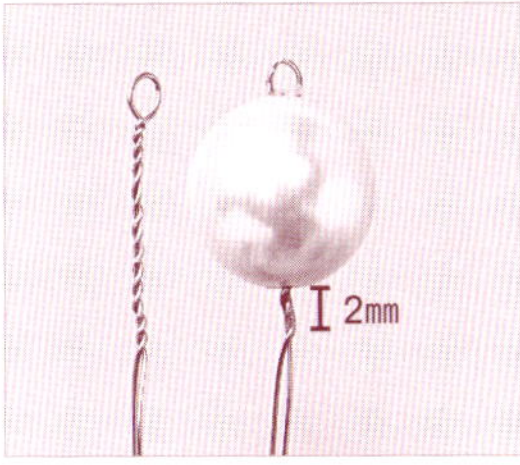

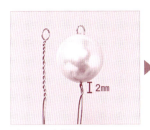

パールの直径（指定サイズのパール）＋2mmの長さをねじる。

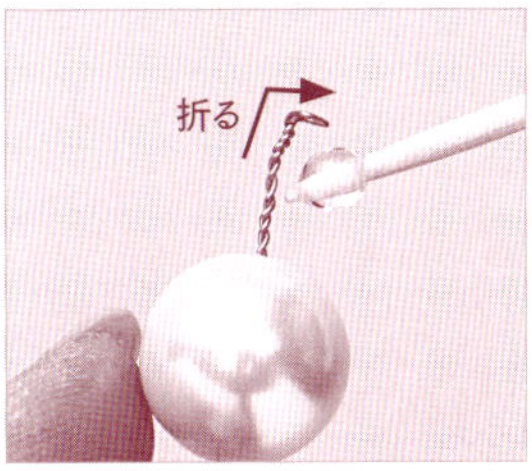

パールが抜け落ちないように先端の輪を折り曲げ、ねじった部分にボンドを塗り、パールを通す。

3 実＋外皮

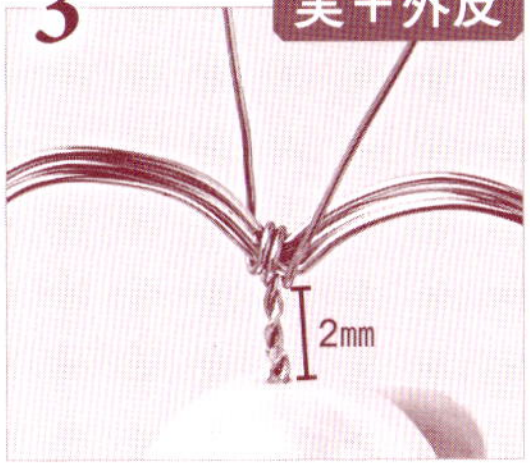

1のハートのくぼみ部分にパールのワイヤーを片足ずつ1回転させる。

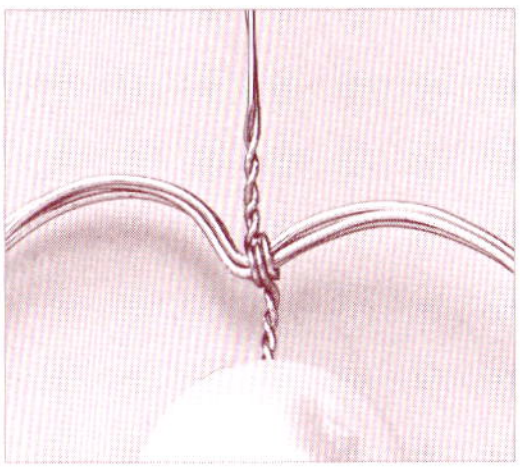

きつくねじって留める。

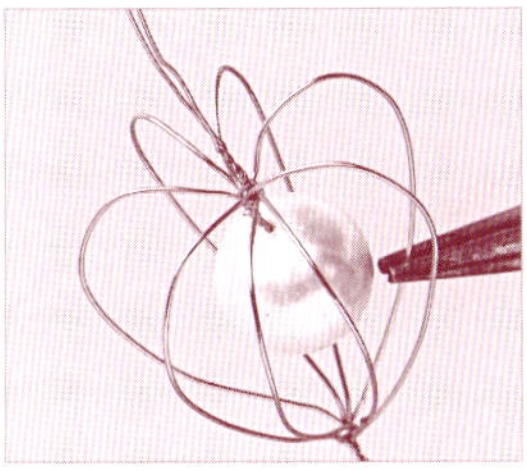

鬼灯の形になるよう指でワイヤーを均等に広げ、成形する。

4

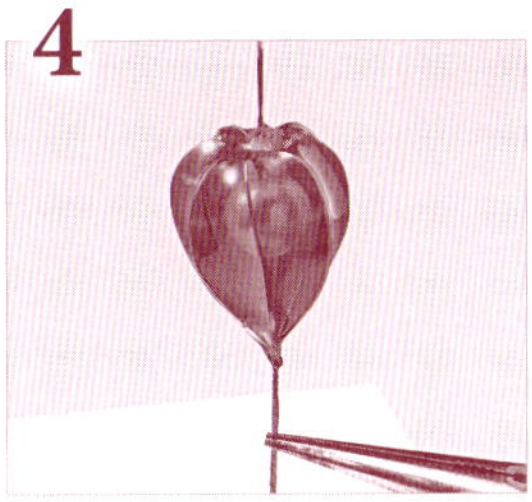

かぶせづけ（P.35参照）をし、2.5cmの足をスタイロフォームに挿し乾燥させる。
オレンジ→㋐1個、㋒2個、
クリヤー→㋑2個。

5

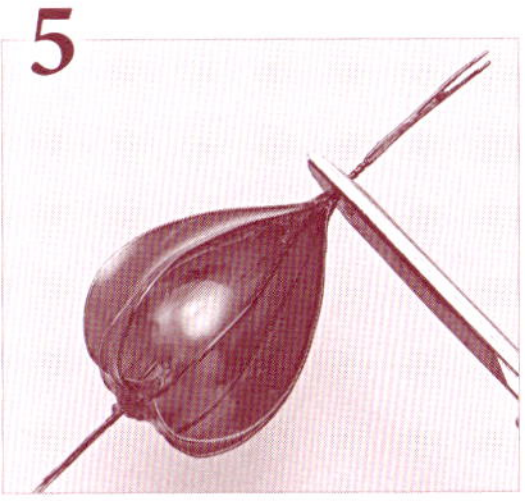

実の先をギリギリでカットする。

6

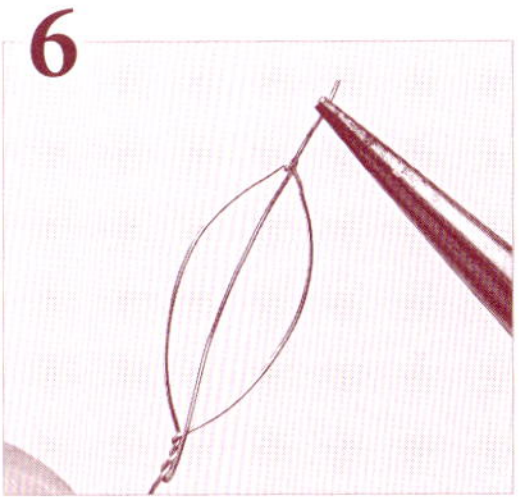

葉は先をペンチでつまみ、指で形付け、シングルブリッジ（足を上げる）を入れる（P.31参照）。

7

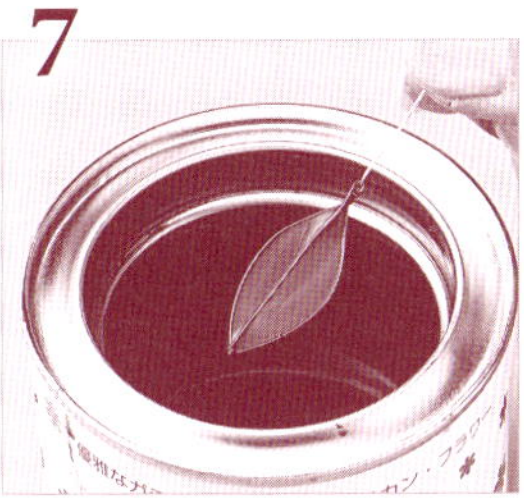

6をグリーンでディップし、乾燥させる。

8

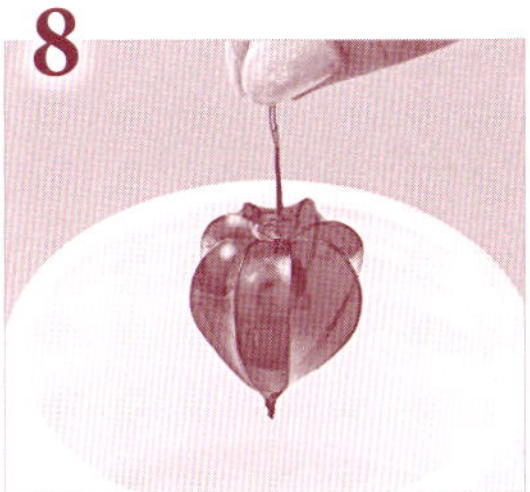

全てにストレンスナーをつけ、乾燥させる。

9

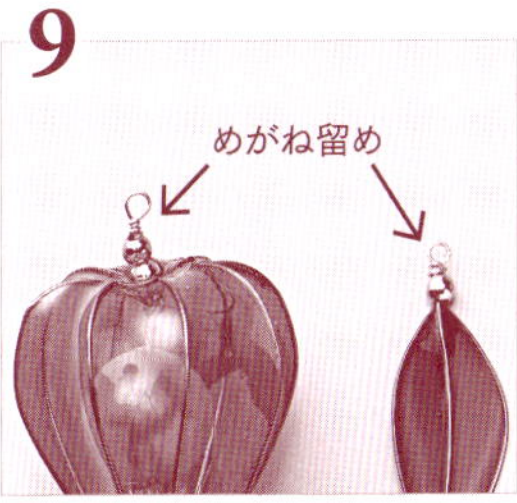

メタルビーズ（鬼灯は2個、葉は1個）を通しめがね留めする（P.42参照）。

〈かんざしに仕立てる〉

10

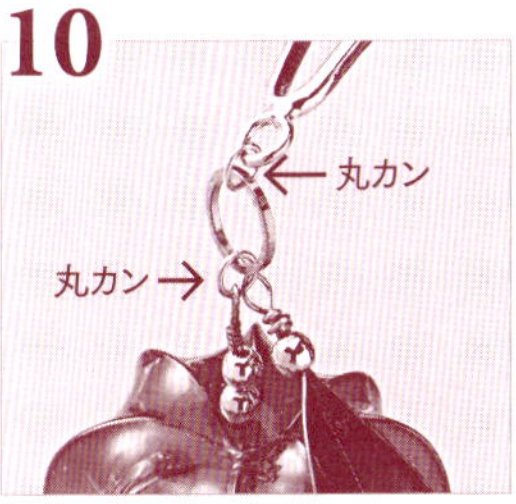

メタルパーツリングに丸カンで鬼灯（大）と葉をつけ、かんざし金具も丸カンでつける。

〈ピアスに仕立てる〉

1

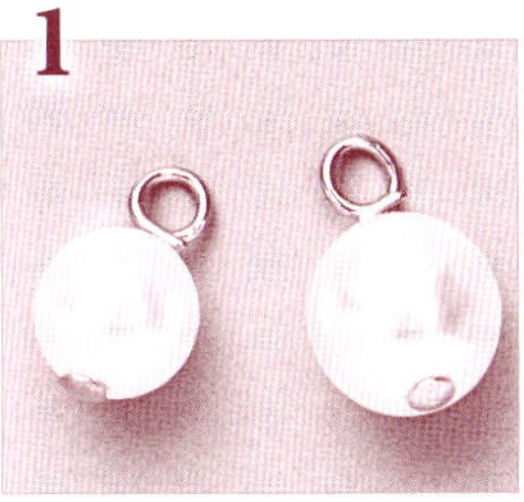

パール5mm、6mmにTピンを通して丸める（P.41参照）。

2

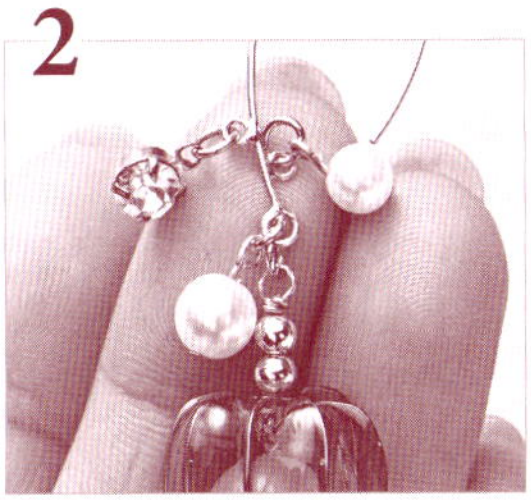

ピアス金具のフックに鬼灯（小）とパールとラインストーンパーツを丸カンでつける。

〈ヘアピンに仕立てる〉

1

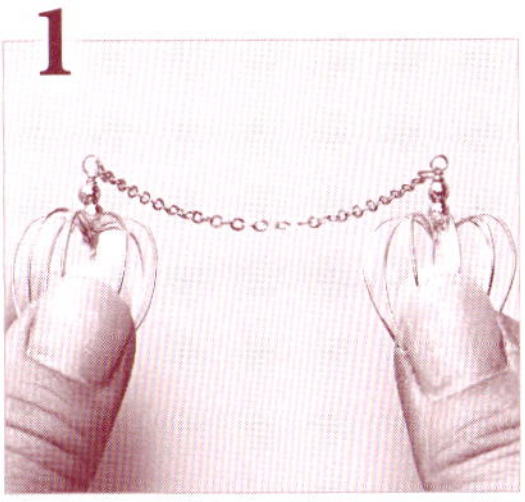

チェーンの両端に丸カンで鬼灯（中）をつける。

2

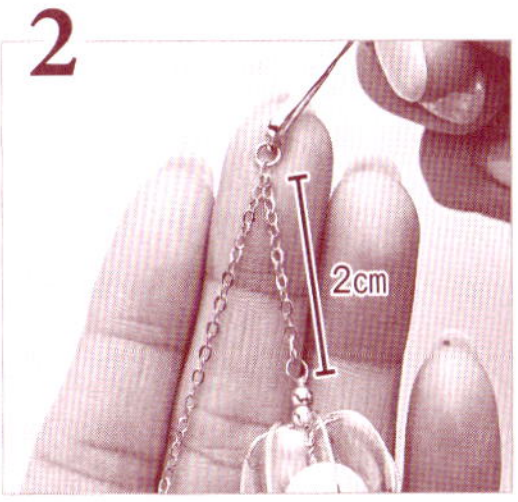

チェーンの端から2cm部分に丸カンでヘアピンにつける。

10 睡蓮（すいれん） 難易度 ★★★

作品ページ → P.15　型紙 → 前見返し

表記：㋐かんざし　㋑ピアス

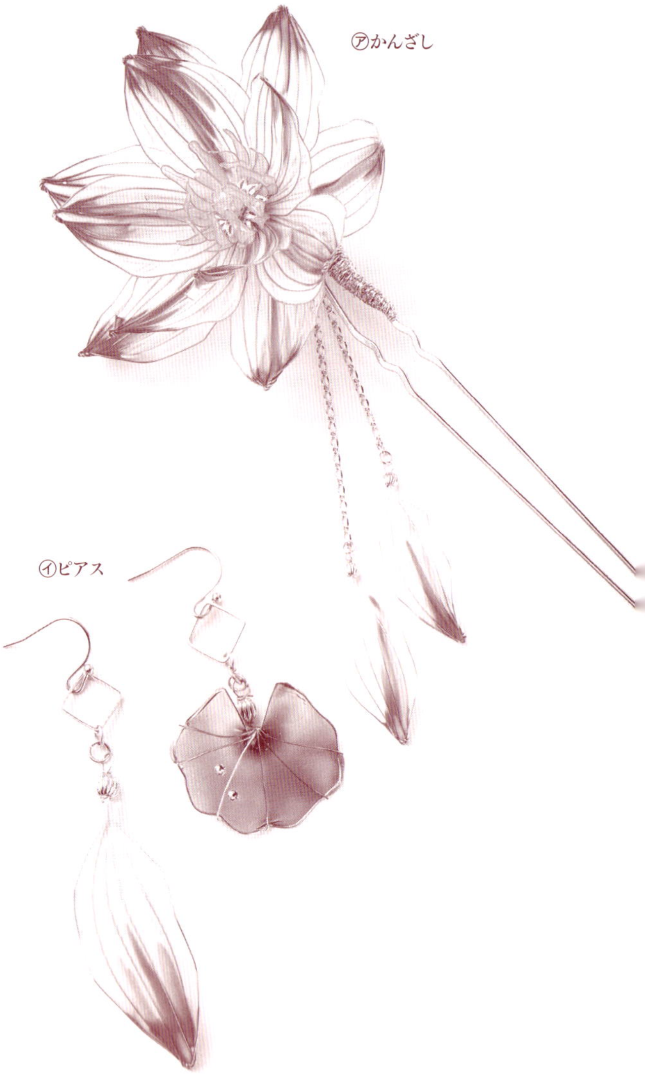

〈材料〉 ※(G)…ゴールド

ワイヤー

#26(G)…㋐
#28(G)、#30(G)…(共通)

着色

● **ディップ液**
クリヤー…(共通)
(a)チェリー調合液 [クリヤー8: チェリーレッド2] …(共通)
(b)ホワイト調合液 [クリヤー] ＋スノーホワイト微量 …(共通)

● **マニキュア**　黄…㋐、緑…㋑

花資材

花芯用ガラスビーズ(黄) 8㎜…㋐1個
花芯用スカシパーツ花十弁立体(G) 16㎜ …㋐1個
フローラテープ12.5㎜幅(ブラウン)…㋐適量

資材

かんざし金具(G) 14㎝…1個
チェーン(G) 14㎝…1本
にしき糸…適量
メタルビーズ(G) 4㎜…2個
丸カン(G)…3個
…㋐

ピアス金具(G)(フック式)…1ペア
メタルパーツ(G)(四角7㎜)…2個
丸カン(G)…4個
ラインストーン(クリスタル) 1.6㎜…2個
メタルビーズ(G) 4㎜…2個
…㋑

〈下準備〉

● **かんざし**

花A／クロスねじり

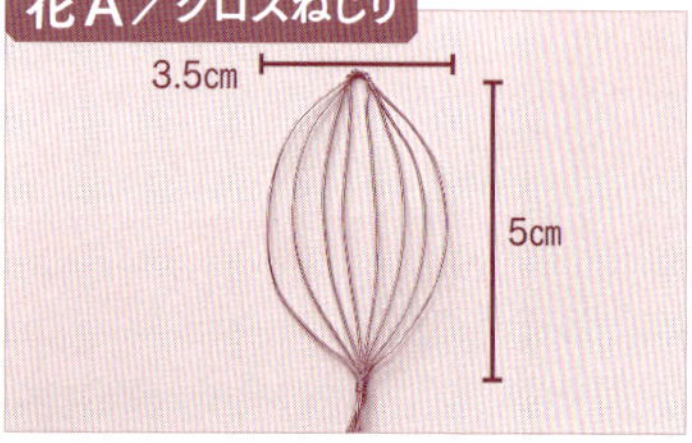

#26・20㎝4本・クロスねじり…㋐12個
(幅3.5×長さ5㎝)

● **かんざし**

花B／クロスねじり

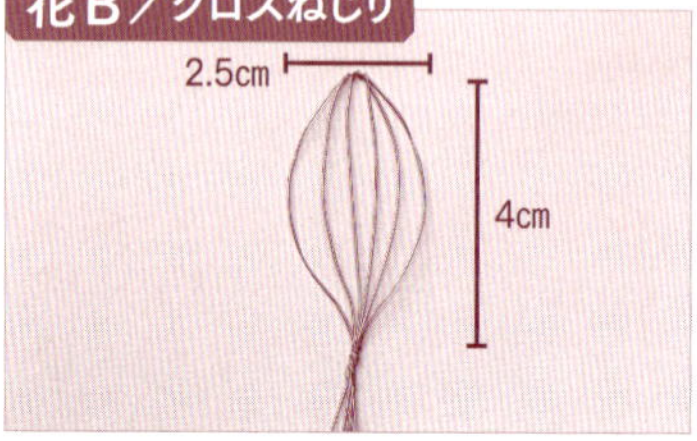

#28・15㎝3本・クロスねじり…㋐2個
(幅2.5×長さ4㎝)

● **かんざし**

花芯／ねじり巻き

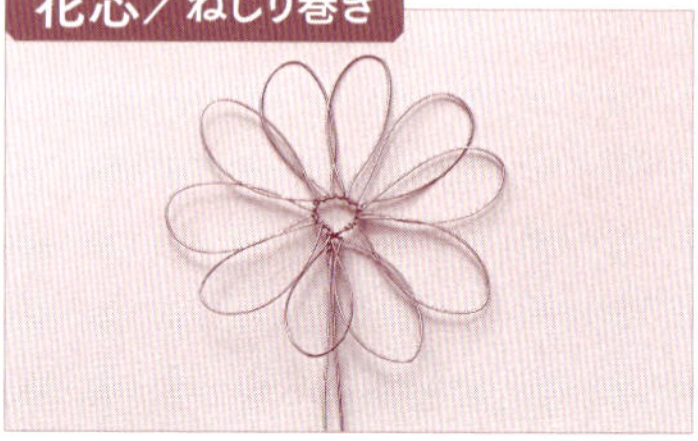

#28・1.5㎝ゲージ・間2回ねじり10輪…㋐2個

● **ピアス**

花B／クロスねじり

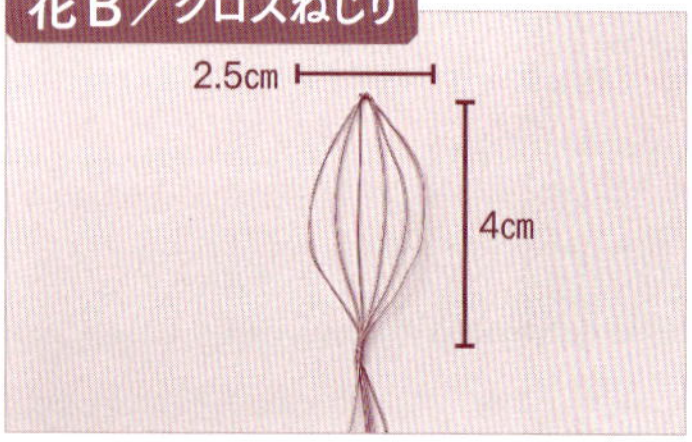

#28・15㎝3本・クロスねじり…㋑1個
(幅2.5×長さ4㎝)

● **ピアス**

葉／1回巻き

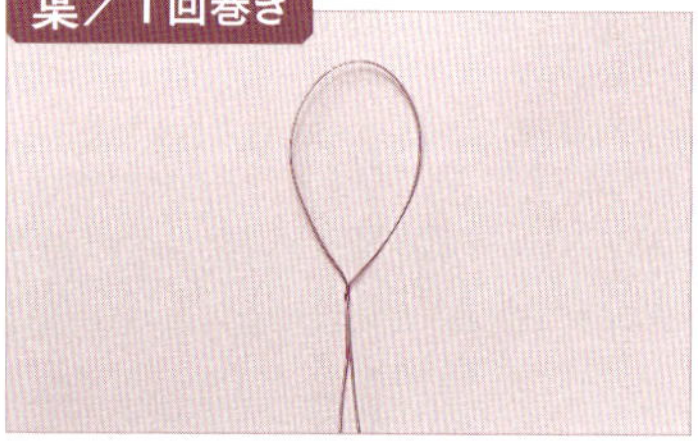

#28・3㎝ゲージ・1回巻き…㋑1個

● **ピアス**

葉脈／複数回巻き

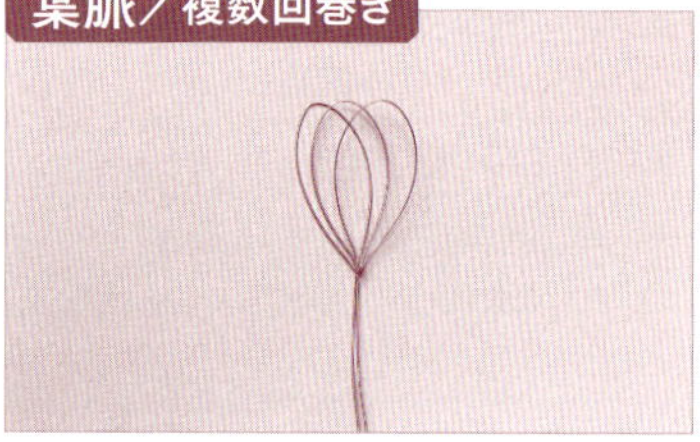

#30・2㎝ゲージ・3回巻き…㋑1個

基本技法はP.28～43参照。

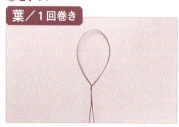

〈かんざしパーツの作り方〉

1 花A、B

花A、Bは指定のサイズでクロスねじりし（P.29参照）、足のワイヤーを2本にカットする。

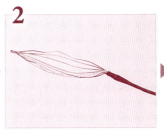
2

フローラテープで巻き、花びらに曲線的なカーブを入れる。

3

（b）色をベースに（a）色でフレームづけ（P.35、37参照）をする。乾燥後ストレンスナーをし、乾燥させる。

4 花芯

花芯は指でつまんで細くし、型紙通り成形したら、カップ状に丸みをつける。

5

クリヤーでディップし、乾燥させたものに、マニキュア（黄）を裏から塗り、乾燥させる。

6

ストレンスナーをつけ乾燥後、花芯2つを花弁をずらして重ね合わせ、根元でワイヤーをねじる。

7

ワイヤー（#28）10cmにガラスビーズとスカシパーツ花十弁立体を通し、6の中心に入れ、ねじり留める。

8 花A組み立て

7のまわりに花Aを4枚→4枚→4枚の順で別ワイヤー（#30）でまとめ（P.40参照）、フローラテープで巻き下ろす。

〈ピアスパーツの作り方〉

1 花B

〈かんざしパーツの作り方〉1〜3と同様に作る。

2 葉

葉を根元から¼の所で中心に曲げる。

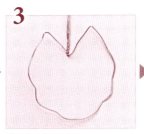
3

丸く広げて、フリル（P.32参照）を入れる。

4 葉脈

葉脈

葉　　ねじる

葉脈を型紙通り形付け、葉に重ねて根元を3回ねじる。

5

葉脈をふちで折り曲げる。

6

クリヤーでディップし、乾燥させる。

7

裏面にマニキュア（緑）を塗り、乾燥させる。

8

ストレンスナーをつけ、乾燥させたら、葉脈の余分なワイヤーをカットする。

〈かんざしに仕立てる〉

1 花Aの花首から1.5cm部分に、にしき糸を巻き、かんざしにつける（P.42参照）。

2 花Bにメタルビーズを通し、めがね留め（P.42参照）して、丸カンでチェーンの両端につける。

3 チェーンは、かんざしの付け根に、長短つけて丸カンで留める。

〈ピアスに仕立てる〉

1 花Bと葉にメタルビーズを通し、めがね留めする（P.42参照）。

2 丸カンでメタルパーツとつなぎ、ピアス金具のフックに通す。

3 葉に、ラインストーンを貼る。

11 椿 難易度 ★★☆

作品ページ → P.16　型紙 → P.95

表記：㋐コーム　㋑ハットピン　㋒ピアス

〈材料〉 ※(G)…ゴールド

ワイヤー

#24(G)…㋐

#28(G)、#30(G)…(共通)

着色

● **ディップ液**

レッド、グリーン、クリヤー…(共通)

花資材

粉ペップ(黄)…適量(共通)

花芯用スワロフスキー(ゴールドシャドー)…㋐6㎜1個、㋑4㎜3個、㋒4㎜2個

資材

コーム(G) 5㎝…1個
フローラテープ12.5㎜幅(ブラウン)…適量
にしき糸…適量
…㋐

ハットピン(G)(シャワーカン式)14㎜…㋑1個

ピアス金具(G)(シャワーカン式)8㎜…㋒1ペア

〈下準備〉

● **コーム**

花A／1回巻き

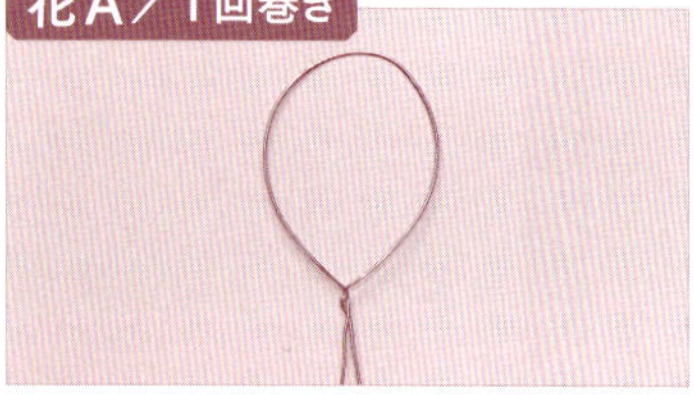

#24・3.5㎝ゲージ・1回巻き…㋐8個

● **コーム**

葉A／1回巻き

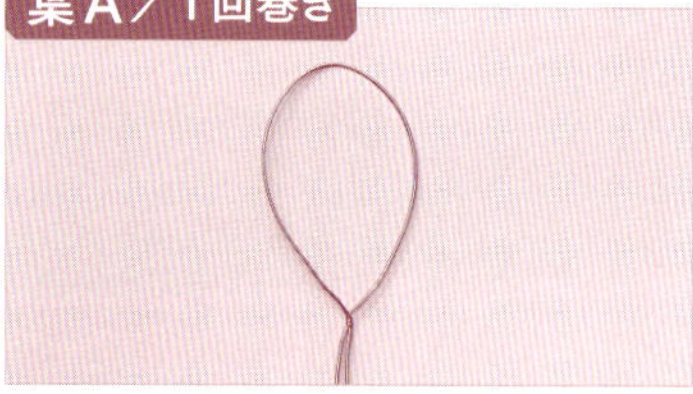

#24・3.5㎝ゲージ・1回巻き(足は6㎝2本)…㋐3個

● **コーム**

花芯A／複数回巻き

#30・1.5㎝ゲージ・12回巻き…㋐3個

● **ハットピン、ピアス**

花B／ねじり巻き

#28・1.5㎝ゲージ・間2回ねじり5輪…㋑3個、㋒2個

● **ハットピン、ピアス**

葉B／1回巻き

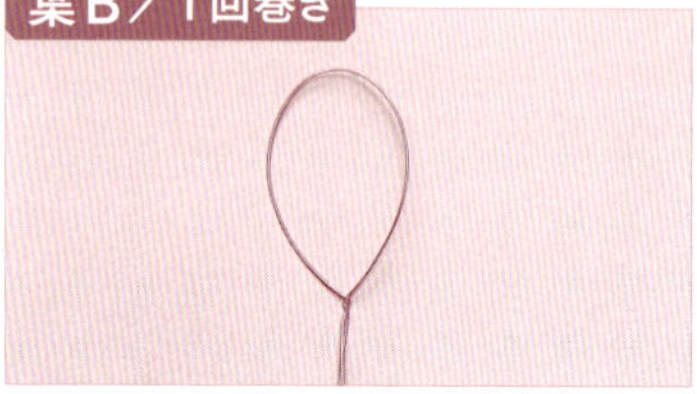

#28・2㎝ゲージ・1回巻き(足は4㎝2本)…㋑3個、㋒2個

● **ハットピン、ピアス**

花芯B／複数回巻き

#30・0.8㎝ゲージ・12回巻き…㋑3個、㋒2個

〈コームパーツの作り方〉

1 花A

花Aは爪で上部にくぼみを入れ、ハート型にし、指の腹でならして丸みをつける。

2 花芯A

花芯Aは根元をペンチで押さえながら細くつまむ。

3

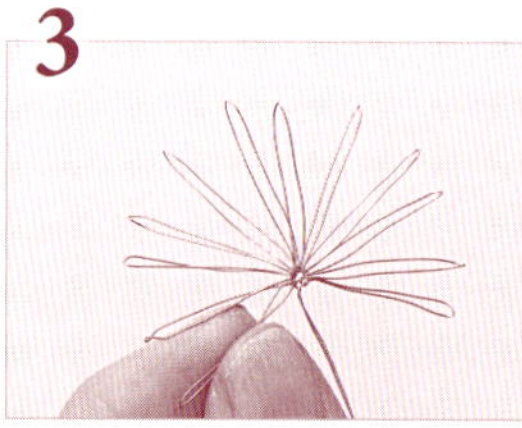

指でつまみながら、広げる。

4 葉A

葉Aはペンチで先端をとがらせ、型紙通りに形付ける。

 基本技法はP.28～43参照。

5

シングルブリッジ（足を上げる）を入れる（P.31参照）。

6

花A（レッド）、葉A（グリーン）、花芯A（クリヤー）をディップし、乾燥させる。

7 花芯を作る

花芯の先端に木工用ボンドをつけ、粉ペップを貼る。

8

すべてにストレンスナーをつけ、乾燥させる。

9

花芯3個をまとめ、根元でワイヤーをねじる。1cmゲージでカップ状に丸みをつける（P.32参照）。

10

ワイヤー（#28）10cmをスワロフスキーに通し、根元をねじる。

11

9の中心にスワロフスキーがくるよう、ワイヤーを通す。

12

根元でワイヤーをねじる。

13 花の組み立て

花芯のまわりに花A3枚→花A5枚を別ワイヤー（#30）でまとめていく（P.40参照）。

14

フローラテープを巻く。

〈コームに仕立てる〉

15

葉3枚の足にフローラテープを巻く。

16

花と葉をフローラテープでまとめ、コームにつける（P.43参照）。

〈ハットピン、ピアスパーツを作る〉
1 花Bは爪で上部にくぼみを入れ、ハート型にし、指で丸みをつける。**a**
2 花芯Bは根元をペンチで押さえ、細くつまんで広げる。**b**
3 2の花芯に1cmゲージで丸みをつけ、カップ状にする（P.32参照）。**c**
4 葉Bは〈コームパーツの作り方〉と同様に形付ける。
5 着色、花芯の作り方、ストレンスナーは、〈コームパーツの作り方〉と同様に行う（花1輪に花芯1個）。
6 花をまとめる（P.40ねじり巻きのまとめ方参照）。**d**

〈ハットピンに仕立てる〉
花B・葉B各3個を、シャワーカンにつける（P.43参照）。

〈ピアスに仕立てる〉
花B・葉B各1個を、シャワーカンにつける（P.43参照）。

Point!

a

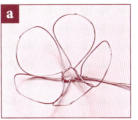

b

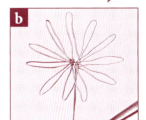

c

d

[12] 牡丹 [難易度 ★★★]

作品ページ → P.17　型紙 →前見返し

表記：㋐濃紫　㋑紫　㋒緑　㋓白

㋐濃紫

㋑紫

〈材料〉 ※(G)…ゴールド

ワイヤー
#24（G）、#28（G）、#30（G）…（共通）

着色
● **ディップ液**　クリヤー…（共通）
　　　　　　　　リーフグリーン…㋒
　　　　　　　　グリーン調合液 クリヤー6：グリーン4 ＋バイオレット微量…㋓

● **スプレー**　（a）バイオレット…㋐、㋑
　　　　　　　（b）ライトグリーン…㋐、㋑、㋒
　　　　　　　（c）ホワイト…㋒、㋓

● **マニキュア**　紫…㋓

資材　※各花共通。表記はコーム1個分
コーム（G）7.5cm…1個
花芯用ガラスビーズ（黄）3mm…35個
花芯用チェコビーズ（トパーズ）8mm…1個
フローラテープ12.5mm幅（ライトグリーン）…適量
にしき糸…適量

㋒緑

㋓白

〈下準備〉 ※コーム1つ分

花A／1回巻き

#24・6cmゲージ・1回巻き…9個

花B／1回巻き

#24・5cmゲージ・1回巻き…6個

花芯A／複数回巻き

#30・1.2cmゲージ・15回巻き（1巻きごと1ビーズ）…1個（右ページ12参照）

花芯B／複数回巻き

#30・2.0cmゲージ・10回巻き（1巻きごと1ビーズ）…2個（右ページ12参照）

ブリッジ

花A #30・12cm…81本（9本×9枚分）
花B #30・11cm…42本（7本×6枚分）
葉 #30・8cm…6本（2本×3枚分）

葉／1回巻き

#24・8cmゲージ・1回巻き…3個（足は9cm2本）。

〈作り方〉

1　花A、B

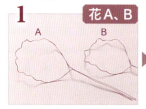

花A、Bは指やペンチでフリルとウェーブをたっぷり入れ、花にカーブをつける。

2

花にブリッジのワイヤー（花A9本、花B7本）を添えてフローラテープで仮留めする。

3

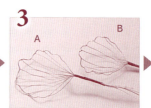

花のカーブに合わせてシングルブリッジ（別ブリッジ）を入れる（P.31参照）。

4　葉

葉3枚は、型紙にそわせて成形し（P.32参照）、葉にシングルブリッジ（足を上げる）を入れる（P.31参照）。

5

足を上げる
別ブリッジ
別ブリッジ

ブリッジのワイヤー2本を葉の足に添え、根元をフローラテープで巻き、シングルブリッジ（別ブリッジ）を入れる（P.31参照）。

6

A　B　㋐㋑　㋒　㋓

ディップし、乾燥させる。花A、B→クリヤー。葉㋐、㋑→クリヤー、㋒→リーフグリーン、㋓→グリーン調合液。

7　㋐㋑花（紫）

花A、Bは裏から（a）色をスプレーし、乾燥させる。濃淡は塗り重ねて調整する（P.36、37参照）。

8　㋒花（緑）

花A、Bは裏から根元に（b）色をスプレーしてぼかし、乾いてから（c）色をスプレーしてぼかし、乾燥させる（P.36、37参照）。

9　㋓花（白）

花A、Bはスプレー前に裏側の根元にマニキュア（紫）を塗り、乾燥させる（P.36、37参照）。

乾いてから（c）色をスプレーしてぼかし、乾燥させる。

10　㋐㋑花（紫）の葉

㋐、㋑の葉は（b）色を裏からスプレーし、乾燥させる（P.36、37参照）。

11

全てのパーツにストレンスナーをつけ、乾燥させる。

12　花芯A、B

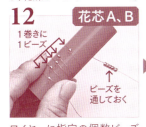

1巻きに1ビーズ
ビーズを通しておく

ワイヤーに指定の個数ビーズを通し（花芯A15個、花芯B10個）、1巻きごとに1ビーズ入れて複数回巻きをする。

ゲージの溝にワイヤーを通し、根元をねじって留める。

ゲージを抜いて、根元をペンチでおさえる。

13

ねじる

ガラスビーズを持ち、ワイヤーをねじる。花芯A1個、花芯B2個を作る。

14

花芯A

チェコビーズ（トパーズ）にワイヤー（#28）10cmを通した花芯を作り（P.33参照）、花芯Aの中心に通して根元からワイヤーをねじる。

花芯A　　　花芯B

花芯Bの1つを添える。

反対側にもう1つの花芯Bを添え、フローラテープでまとめる。

15

ブリッジのワイヤーをカット

花A、B全てのフローラテープを外し、ブリッジのワイヤーを花の根元でカットする。

16　花をまとめる

14に15の花B3枚を別ワイヤー（#30）でまとめる（P.40参照）。

同様に、花B3枚→花A3枚→花A6枚の順で別ワイヤー（#30）でまとめる。

17

16を花首の根元からフローラテープで巻き下ろす。葉3枚をフローラテープでまとめる。

18

花と葉をフローラテープでまとめ、コームに仕立てる（P.43参照）。

13 アネモネ ［難易度 ★☆☆］

作品ページ → P.18　　型 紙 →前見返し

表記：㋐ネックレス　㋑ピアス

〈材料〉 ※(G)…ゴールド

ワイヤー
#26（G）…㋐
#28（G）…㋐、㋑

着色
● **ディップ液**　クリヤー…（共通）
● **マニキュア**　赤、白、黒…（共通）
　　　　　　　　　ピンク、ベージュ、グレー、カーキ…㋐

花資材
花芯用メタルパーツ（G）12mm…㋐10個、㋑1個
花芯用スワロフスキー（ジェット）…㋐8mm5個、㋑6mm1個

資材
カニカン、アジャスター（G）…㋐1ペア
ピアス金具（G）（フック式）…㋑1ペア
チェーン（G）…㋐12cm2本、㋑3cm1本
裏処理用スカシパーツ（G）…㋐29・33mm各2個、38mm1個、㋑20mm1個。
Cカン（G）…㋐10個、㋑2個

㋐ネックレス

㋑ピアス

〈下準備〉

● ネックレス

花A／ねじり巻き

#26・2.5cmゲージ・間2回ねじり4輪
…㋐2個

● ネックレス

花B／ねじり巻き

#26・2cmゲージ・間2回ねじり4輪…
㋐4個

● ネックレス

花C／ねじり巻き

#28・1.5cmゲージ・間2回ねじり4輪
…㋐4個

● ピアス

花D／ねじり巻き

#28・1cmゲージ・間2回ねじり4輪…
㋑2個

● ピアス

花びら／1回巻き

#28・1cmゲージ・1回巻き…㋑2個

〈花パーツの作り方〉

1　花A〜D

花A〜Dは指で型紙に合わせて開き、全体にウェーブ（P.32参照）
をつける。

2

巻いたゲージと同サイズにかぶ
せてカップ状にする（P.32参照）。

3

クリヤーでディップし、乾燥さ
せる。

　基本技法はP.28〜43参照。

4

裏からマニキュアを塗り乾燥させる（花A→ベージュ、花B→赤、グレー、花C→ピンク、カーキ、花D→赤、花びら→赤）（P.38参照）。

5

ストレンスナーをつけ、乾燥させる。全てのパーツは、足のワイヤーを1本切る。

6

各色2枚ずつ花びらをずらして重ね、根元でねじる。

7

表から上段の根元にマニキュア（白）を塗り、乾燥させる（P.38参照）。

〈花びらの作り方〉

1　花びら

花びらの根元を指でつまみ、型紙に合わせて成形する。

2

〈花パーツの作り方〉3〜5と共通。

8

中央に花芯パーツを2段重ね、ボンドで貼る。パーツにマニキュア（黒）を塗り乾燥させる。

9

中心のスワロフスキーは、花A〜Cは8mm、花Dは6mmをボンドで貼る。

〈ネックレスに仕立てる〉

1　花A、B、C

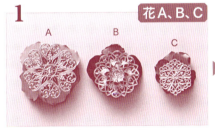

花Aは38mm、花Bは33mm、花Cは29mmのスカシパーツに留める（P.42参照）。

2

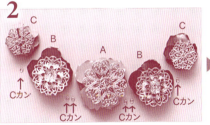

花C（ピンク）→花B（グレー）→花A（ベージュ）→花B（赤）→花C（カーキ）の順にスカシパーツ同士をCカンで留める。花Aと花Bの間はCカンが2つなので注意する。

3

Cカンでチェーンとアジャスター、カニカンをつなぎ、花CとチェーンをCカンで留める。

〈ピアスに仕立てる〉

1　花D

花Dはスカシパーツ（20mm）に留める（P.42参照）。

2

スカシパーツの頂点にピアス金具のフックを通す。

3　花びら

花びらはめがね留めする（P.42参照）。

4

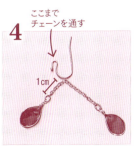

3をチェーンの両端にCカンでつける。端から1cmの部分をピアス金具のフックに通す。

14 梅 難易度 ★☆☆

作品ページ → P.19　型紙 →前見返し

表記：㋐コーム　㋑帯留め　㋒イヤリング

〈材料〉※(G)…ゴールド

ワイヤー
#26（G）…㋐
#28（G）…㋐、㋑
#30（G）…㋒

着色
●ディップ液　クリヤー…（共通）
●マニキュア　白、ピンク…（共通）
　　　　　　　赤…㋐、㋒

花資材
花芯用メタルパーツ（G）12mm…㋐5個、㋑3個
花芯用座金（G）8.5mm…㋒4個
花芯用半丸パール6mm…㋐5個、㋑3個
花芯用半丸パール4mm…㋒4個

資材
コーム（G）7.5cm…1個 ┐
金ビラ…10枚1個 　　　├…㋐
フローラテープ 12.5mm幅（ミントアイボリー）…適量 ┘

帯留め金具（G）…1個 ┐
フェルト…適量 　　　├…㋑
タッセル…ホワイト、ピンク各1個ずつ ┘

イヤリング金具（G）（板バネカン付式）…㋒1ペア
裏処理用座金…㋐10mm2個・8mm3個、㋒7mm4個
鳥チャーム（黄緑）…㋑1個、㋒2個
チェーン（G）…㋑1.5cm、㋒4cm2本
Cカン…㋑3個、㋒6個

㋐コーム

㋑帯留め

㋒イヤリング

〈下準備〉

●コーム

花A／ねじり巻き

#26・2cmゲージ・間2回ねじり5輪…
㋐2個

●コーム

花B／ねじり巻き

#28・1.5cmゲージ・間2回ねじり5輪
…㋐3個

●帯留め

花C／ねじり巻き

#28・1.2cmゲージ・間2回ねじり5輪
…㋑1個

●帯留め

花D／ねじり巻き

#28・1cmゲージ・間2回ねじり5輪…
㋑2個

●イヤリング

花E／ねじり巻き

#30・0.8cmゲージ・間2回ねじり5輪
（ループ付き）…㋒4個

72　基本技法はP.28〜43参照。

〈花パーツの作り方〉

1

花A〜E

花A〜Eは、指で型紙に合わせて開く。

2

花A〜Eは巻いたゲージと同サイズにかぶせてカップ状にする（P.32参照）。

3

クリヤーでディップし、乾燥させる。

4

裏からマニキュアを塗り乾燥させる〈花A→白、ピンク、花B→白、赤（2個）、花C→白、花D→ピンク（2個）、花E→ピンク（2個）、白、赤〉。

5

ストレンスナーをつけ、乾燥させる。

6

花A、B

花Aの裏にボンドで座金（10mm）を貼る。花Bの裏には座金（8mm）を貼る。

7

花A〜E

花A〜Dの表にメタルパーツをボンドでつける。花Eに座金をボンドでつける。

8

半丸パール

半丸パールをボンドで貼る。サイズは花A〜D（6mm）、花E（4mm）。

〈コームに仕立てる〉

Point!

1 花B（白）→花A（ピンク）→花B（赤）→花A（白）→金ビラ→花B（赤）の順にフローラテープでまとめる。※花首長さは花Aが1.5cm、花Bが1cm。**a**

2 コームに仕立てる（P.43参照）。

〈帯留めに仕立てる〉

1 帯留めにボンドでフェルトを金具より左右にはみだして貼る。

2 花首でワイヤーをハサミで切る。

3 花D（ピンク）→花C（白）→花D（ピンク）の順にフェルトにボンドで貼る。

4 チェーンの両端にCカンでタッセルをつける。

5 チェーンの中心と鳥チャームのカンをCカンでつける。**b**

6 鳥チャームのカンに別ワイヤー（#28）をつけてねじる。

7 **6**のワイヤーを適当な長さに切って、花Cと花Dの間のフェルトにボンドで貼る。ワイヤーを隠すようにフェルトを貼る。**c**

〈イヤリングに仕立てる〉

1 花Eの花首でワイヤーをハサミで切る。

2 裏に座金（7mm）をボンドで貼る。

3 チェーンの両端に花E（ピンク）と（白）をCカンでつける。

4 チェーンの両端に花E（赤）と鳥チャームをCカンでつける。

5 **3**と鳥チャームをCカンでイヤリングにつける。**d**

6 **4**と花E（ピンク）をCカンでイヤリングにつける。**e**

a

A A B B

B 1.5cm

1cm

b

タッセル

Cカン

Cカン

別ワイヤー

c C D

d

e

16 ポインセチア　難易度 ★★☆

作品ページ →P.21　型紙 →後ろ見返し

表記：㋐コーム　㋑ピアス

㋐コーム

㋑ピアス

〈材料〉 ※(G)…ゴールド

ワイヤー

#24(G)、#26(G)…㋐
#30(G)…(共通)

着色

●**ディップ液**　レッド、グリーン…(共通)

資材

花芯用シュガーパール(G)…6㎜5個、8㎜2個
コーム(G)7.5㎝…1個
フローラテープ12.5㎜幅(ブラウン)…適量
にしき糸…適量
…㋐

花芯用スワロフスキー(ライトトパーズ)3㎜…10個
花芯用メタルビーズ(G)3㎜…2個
裏処理用スカシパーツ(G)12㎜…2個
ピアス金具(G)(カン付)…1ペア
メタルパーツ(G)…リーフ2個
Cカン(G)…16個
…㋑

〈下準備〉 ※コームの足はすべて6㎝を2本にする

●コーム

葉A／1回巻き

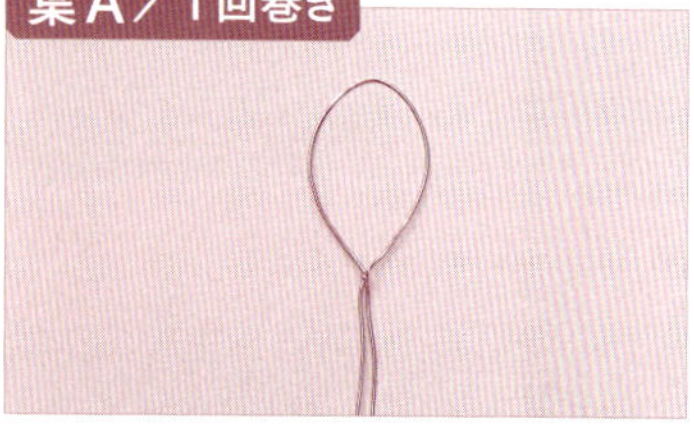

#26・2㎝ゲージ・1回巻き…㋐3個

●コーム

葉B／1回巻き

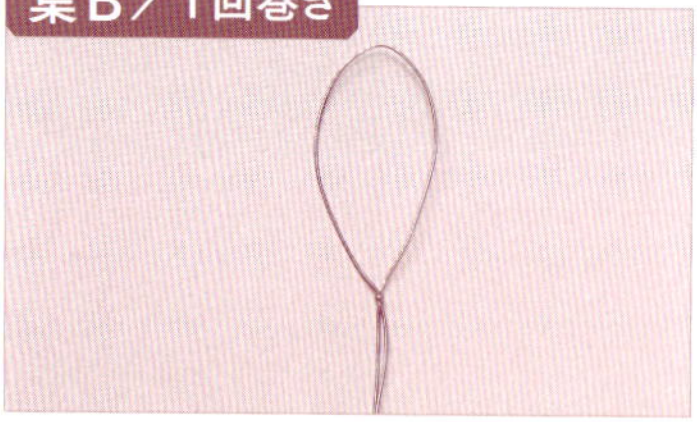

#26・2.5㎝ゲージ・1回巻き…㋐6個

●コーム

葉C／1回巻き

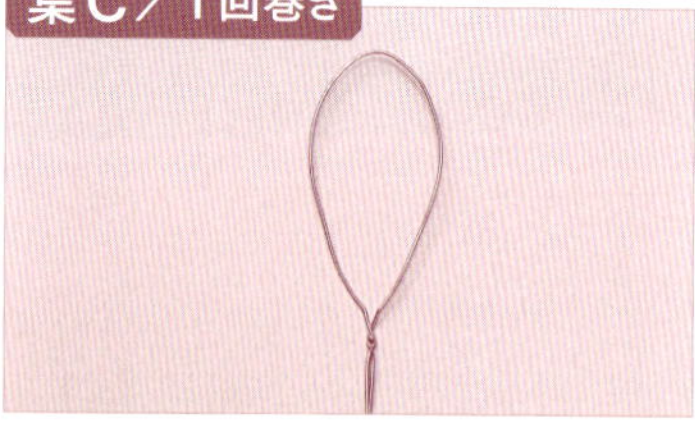

#24・3㎝ゲージ・1回巻き…㋐6個

●コーム

葉D／1回巻き

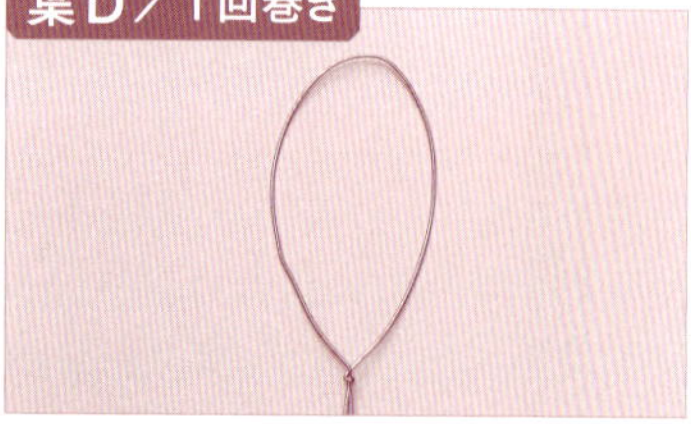

#24・3.5㎝ゲージ・1回巻き…㋐6個

●コーム

葉E／1回巻き

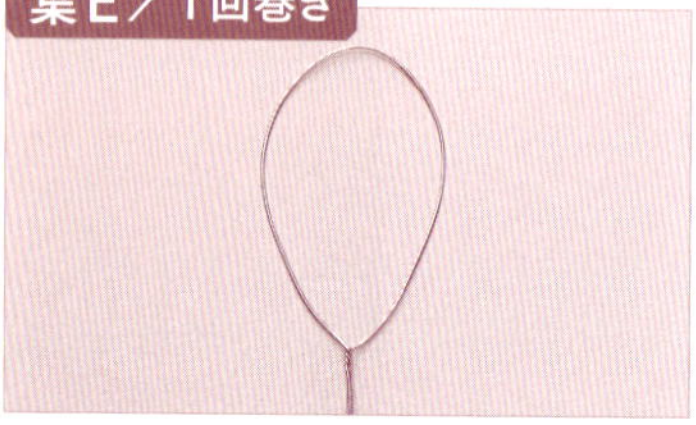

#24・3.5㎝ゲージ・1回巻き…㋐3個

●コーム

葉F／1回巻き

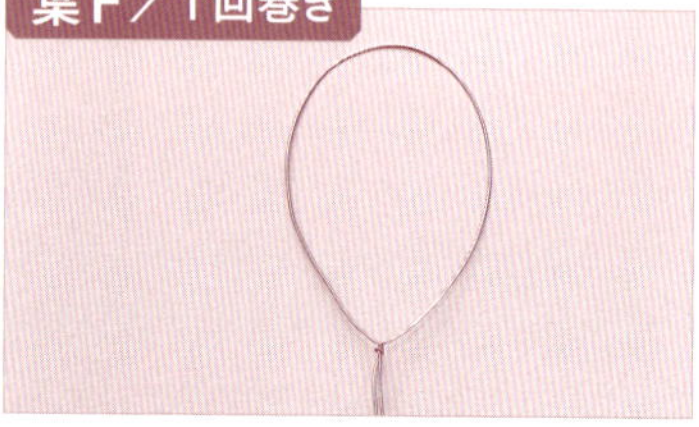

#24・4㎝ゲージ・1回巻き…㋐3個

●ピアス

葉G／ねじり巻き

#30・1㎝ゲージ・間2回ねじり6輪…㋑2個

●ピアス

葉H／ねじり巻き

#30・1.2㎝ゲージ・間2回ねじり6輪…㋑4個

基本技法はP.28～43参照。

〈コームの作り方〉

1 葉A〜D
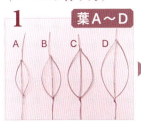
葉A〜Dは、ペンチで先端をとがらせて形付けし、シングルブリッジ（足を上げる）を入れる（P.31参照）。

2 葉E、F
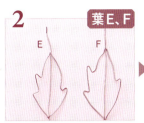
葉E・Fは、ペンチで型紙通り形付けをしてから中心をとり（P.32参照）、シングルブリッジ（足を上げる）を入れる。

3

シングルブリッジの先端は、5mm残して、カットする。

4
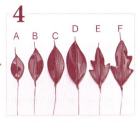
ディップし、乾燥させる。葉A、C、E（レッド）、葉B、D（レッドベースにグリーンでフレームづけ）、葉F（グリーン）（P.38参照）。

5

ストレンスナーをつけ、乾燥させる。

6

全ての葉の根元から3cmくらい、フローラテープを巻く。

7 花芯を作る
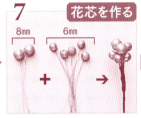
花芯を作る。ワイヤー（#30）20cmにシュガーパールを通して4〜5回ねじったもの7本を、フローラテープでまとめる。

8 葉の組み立て

7の花芯のまわりに別ワイヤー（#30）で葉A3枚を葉首から1cm部分でまとめる（P.40参照）。

9

葉C6枚→葉B6枚→葉D6枚の順でまとめ、ワイヤーを半量にカットし、フローラテープで巻き下ろす。

10

単色レッドの葉（E3枚）、単色グリーンの葉（F3枚）を、それぞれフローラテープで順にまとめる（P.40参照）。

11

9、10を合わせて、フローラテープでまとめる。

12 コームに仕立てる

コームに仕立てる（P.43参照）。

〈ピアスの作り方〉

1 葉G、H

ペンチでつまんで型紙通り形付ける。

2
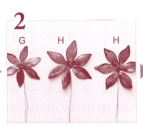
葉G（レッド）、葉H（レッド）（グリーン）各色2個をディップし、乾燥させる。

3

ストレンスナーをつけ、乾燥させる。

4 花芯を作る

ビーズ花芯を作る。ワイヤー（#30）15cmにスワロフスキー5個通し、3個返して輪にする。両サイドからメタルビーズを通し、裏でねじる（P.33参照）。

5 葉の組み立て
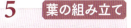

花芯を葉G（レッド）1枚→葉H（レッド）1枚→葉H（グリーン）1枚の順に中心にボンドを塗って通し、スカシパーツに留める（P.42参照）。

6 ピアスに仕立てる

ピアス金具とスカシパーツをCカン4個でつなぐ。スカシパーツの下に、Cカン4個でメタルパーツ（リーフ）をつける。

75

17 パンジー

難易度 ★★☆

作品ページ → P.22　型 紙 →後ろ見返し

表記：㋐ネックレス　㋑コーム　㋒ピアス

㋐ネックレス

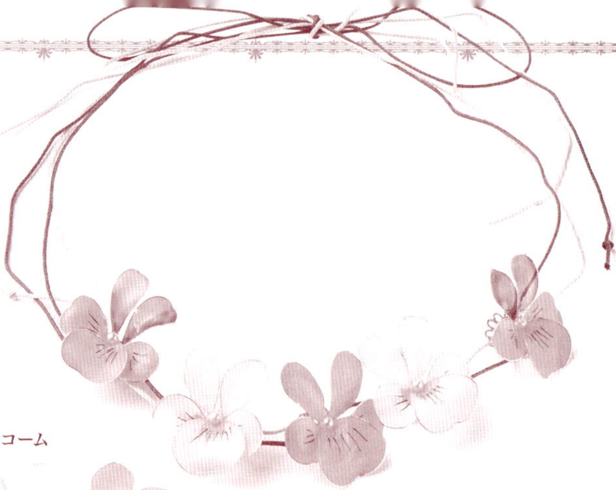

㋑コーム

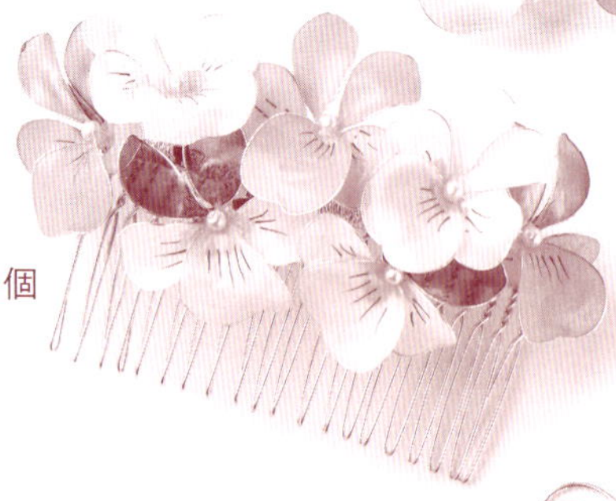

㋒ピアス

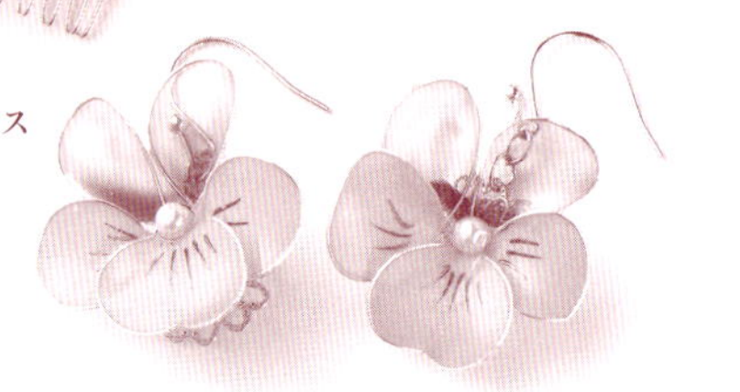

〈材料〉 ※(S)…シルバー

ワイヤー

#28(S)…(共通)

着色

●**ディップ液**　クリヤー…(共通)

●**マニキュア**

(a)紫＋黄
(b)クリーム(中心黄)
(c)黄
(d)紫＋クリーム(中心黄)
…(共通)

花資材

花芯用パール(クリーム)3㎜…㋐5個、㋑7個、㋒2個
ペン(ボルドーブラック)…(共通)

資材

ワックスコットンコード(緑、白)1㎜ …㋐各120㎝

コーム(S) 7.5㎝…1個
フローラテープ6㎜幅(ブラウン)…適量
…㋑

ピアス金具(S)(フック式)…1ペア
丸カン(S)… 4個
…㋒

裏処理用スカシパーツ(S)13㎜…㋐5個、㋒2個

〈下準備〉

●**ネックレス、コーム**

花A／ねじり巻き

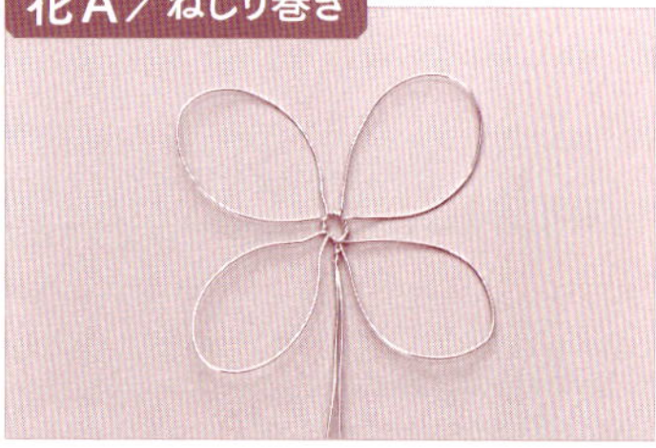

#28・1.5㎝ゲージ・間2回ねじり4輪…㋐5個、㋑7個

●**ネックレス、コーム**

花B／1回巻き

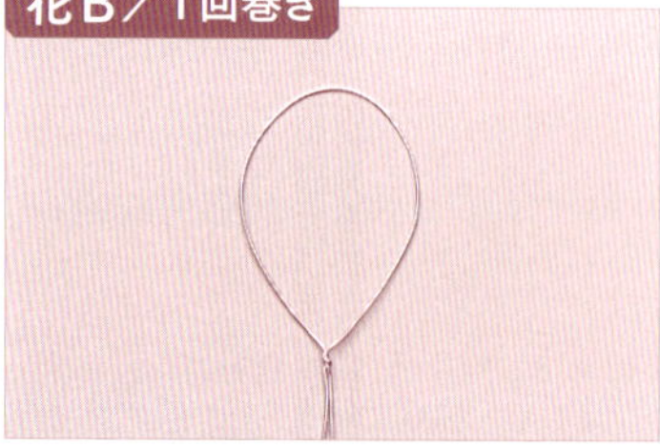

#28・2㎝ゲージ・1回巻き…㋐5個、㋑7個

●**ピアス**

花C／ねじり巻き

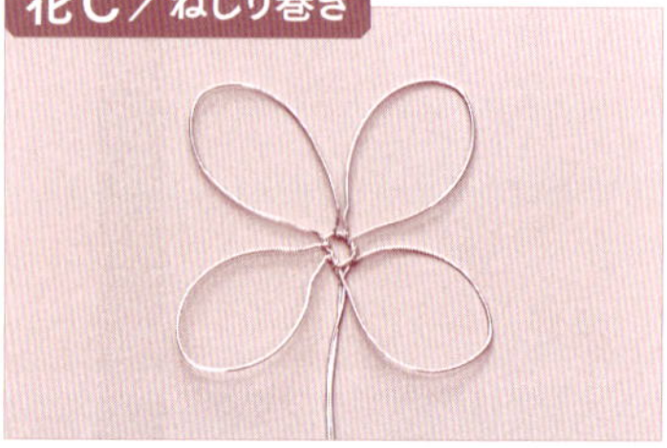

#28・1.2㎝ゲージ・間2回ねじり4輪…㋒2個

●**ピアス**

花D／1回巻き

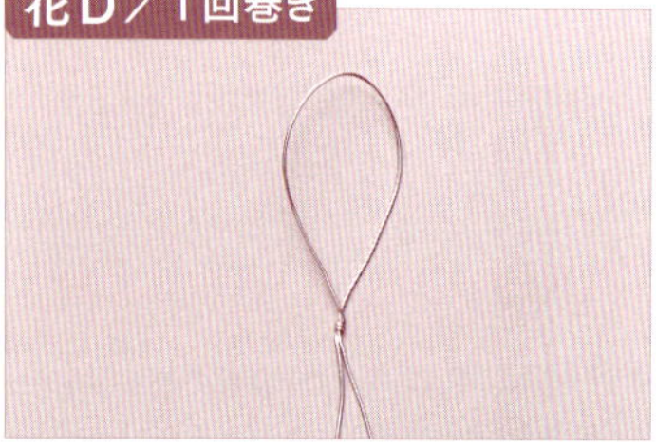

#28・1.5㎝ゲージ・1回巻き……㋒2個

〈花パーツの作り方〉

1　花A、C

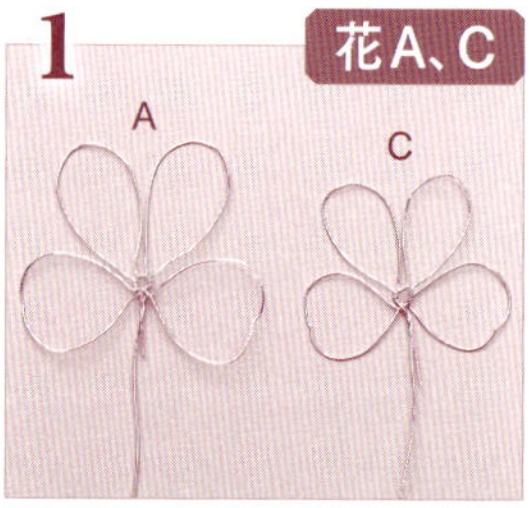

花A、Cは重ならないように広げ、指で型紙通り形付ける。

2

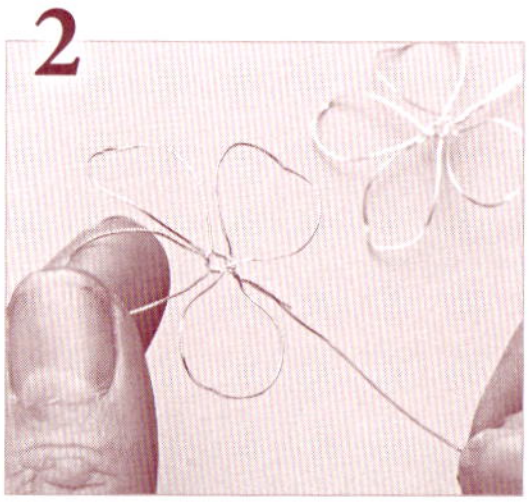

上2枚の先端にゆるいウェーブをつけ、1枚ずつ指で反りを入れる。

3 花B、D

花B、Dは型紙通りハート型
にして、指で反りを入れる。

4

クリヤーでディップし、乾燥さ
せる。

5

裏面にマニキュアを塗る。2
色の場合は、上段と下段を
塗り分ける（P.38参照）。

1色の場合は、上段と下段を
同じ色に塗る（P.38参照）。

6 ネックレス、コームの花

花Aの中心に目打ちで穴を開
け、花Bのワイヤーを入れる。
ワイヤーを束ね、根元で3回
ねじる。

ピアス花

花Cの中心に目打ちで穴を開
け、花Dのワイヤーを入れ
る。ワイヤーを束ね、根元で
3回ねじる。

7

下3枚の花びら根元にペンで
線を描く。

8

ストレンスナーをつけ、乾燥
させる。中心にボンドを塗り、
パールを貼る。

〈ネックレスに仕立てる〉 ※必要な花→(a)色2個＋(b)色2個＋(c)色1個

1 裏面

ワックスコットンコード2本を、
クロスし、スカシパーツに通
す。5個同様に行う。

2

スカシパーツの表面に花パーツを
留める（P.42参照）。配色は左から
(a) → (b) → (c) → (b) → (a)
の順でつける（P.38参照）。

3

ワックスコットンコードの先端
を玉結びにする。

4

首に通せる長さでリボン
結びする。

〈ピアスに仕立てる〉 ※(a)色2個

1 裏面

パーツ(a)色2個をスカシパー
ツに留める（スカシパーツの留め
方P.42参照）。

2

丸カン

丸カンでピアス金具のフック
に通す。

〈コームに仕立てる〉 ※必要な花→(a)色2個＋(b)色2個＋
(c)色1個＋(d)色2個

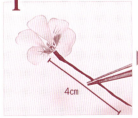

1

4cm

花パーツの花首から4cmにフ
ローラテープを巻く（7パーツ作
る）。

2

花首から約1cm位置で、ずら
しながらフローラテープでまと
め、コームに仕立てる。配色
は左から(a) → (b) → (d) →
(c) → (d) → (b) → (a) の
順でつける（P.38参照）。

18 蝶々の花園（パンジー、ネモフィラ、蝶々） 難易度 ★★☆

作品ページ →P.23　型 紙 →後ろ見返し

表記：㋐ブレスレット　㋑ピアス　㋒コーム

〈材料〉 ※（S）…シルバー

ワイヤー

#28（S）…（共通）
#30（S）…㋐、㋑

着色

●**ディップ液**　クリヤー…（共通）
●**マニキュア**　白、黒……………………（共通）
水色……………………㋐、㋑
（a）赤茶（中心黄）
（b）青（中心黄）
（c）紫＋黄
（d）白（中心黄）　…㋒

花資材

花芯用座金（S）8.5㎜…㋐・㋑各２個
花芯用半丸パール４㎜…㋐・㋑各２個
花芯用パール（クリーム）３㎜…㋒７個
ペン（ボルドーブラック）…㋒

資材

スカシパーツつきブレスレット（S）幅16㎜…１個
アクリルパーツ…リーフ５個　…㋐

ピアス金具（S）（カン付き）…１ペア
チェーン（S）３㎝…２本
リーフ３連チャーム（S）…２個
裏処理用座金（S）８㎜…２個
Ｃカン（S）…４個　…㋑

コーム（S）7.5㎝…１個
フローラテープ６㎜幅（ブラウン）…適量　…㋒

〈下準備〉

●**ネモフィラ**（ブレスレット）

花Ａ／ねじり巻き

#28・１㎝ゲージ・間２回ねじり５輪…㋐２個

●**ネモフィラ**（ピアス）

花Ｂ／ねじり巻き

#28・１㎝ゲージ・間２回ねじり５輪（ループ付き）…㋑２個

●**パンジー**（コーム）

花Ｃ／ねじり巻き

#28・1.5㎝ゲージ・間２回ねじり４輪…㋒７個（P.76花Ａと共通）

●**パンジー**（コーム）

花Ｄ／１回巻き

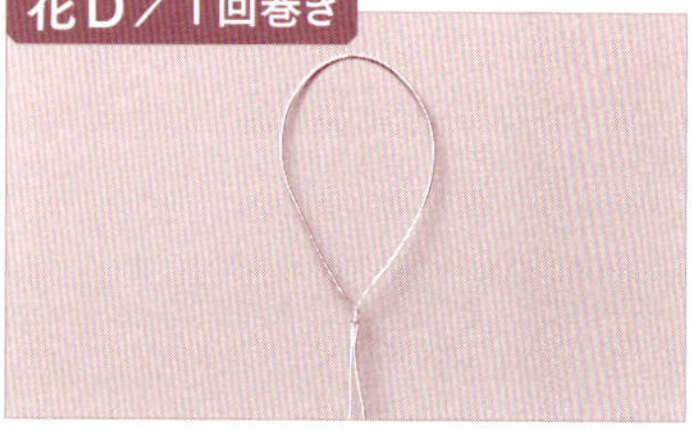

#28・２㎝ゲージ・１回巻き…㋒７個（P.76花Ｂと共通）

モンシロ蝶／複数回巻き

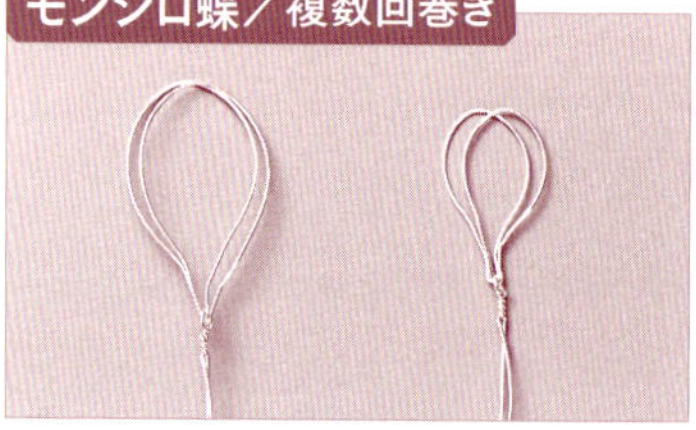

#28・1.5㎝ゲージ・２回巻き、１㎝ゲージ・２回巻き…㋐各１個、㋑各２個

アゲハ蝶／複数回巻き

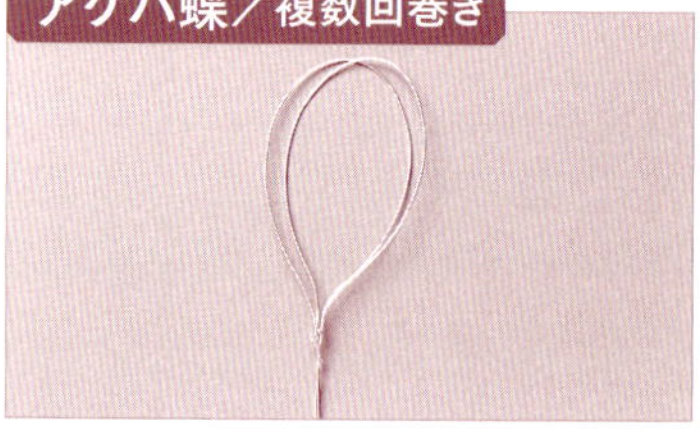

#28・2.5㎝ゲージ・２回巻き…㋒２個

基本技法はP.28～43参照。

〈ネモフィラを作る〉

1

花A、Bは、P.73〈花パーツの作り方〉1～5と同様。マニキュアは水色を塗る。

2

花A、Bの表の中心にマニキュア（白）を塗る（P.39参照）。

3 花芯

花芯用座金をマニキュア黒で塗る。

4

2の中心に3と半丸パールをボンドで貼る。

〈モンシロ蝶、アゲハ蝶を作る〉 ※この本に掲載されている蝶はこの作り方の応用で作れます

1

上羽、下羽それぞれを指やペンチで型紙通りに形付ける。

2 ブリッジを入れる

別ワイヤー（#30）をふちで1回転して留める（アゲハ蝶の上羽で説明）。

3

中心の根元でも、1回転して留める。

4

反対側の羽の端でも1回転して留め、ワイヤーをハサミで切る。

1

モンシロ蝶は上羽3本、下羽2本、アゲハ蝶は上羽4本、下羽3本のブリッジを入れる。

3

クリヤーでディップし、乾燥後、裏からマーキュア（黒）で模様を描く（P.39参照）。

4

裏からマニキュアを塗り乾燥させる（モンシロ蝶→白、アゲハ蝶→青）。

5

上羽、下羽のワイヤーを根元で2回ねじって、留める。ストレンスナーをつけ、乾燥させる。

〈ブレスレットに仕立てる〉

1 葉（アクリルパーツ リーフ）に別ワイヤー（#28）をつけてねじる。（5個）
2 パーツを1つ足ごとにねじって留める。順序は葉→葉→花→葉→花→葉→モンシロ蝶→葉。先端を折って、余分なワイヤーを切る。
3 スカシパーツ（ブレスレット）に別ワイヤー（#30）で巻き留める。

〈ピアスに仕立てる〉

1 花Bは花首でワイヤーを切り、裏にボンドで裏処理用座金を貼る。
2 モンシロ蝶の根元のワイヤー2本を残して切り、めがね留めする。
3 チェーンの先端にCカンでモンシロ蝶をつける。
4 3のチェーン、リーフ3連チャーム、ネモフィラをCカンでピアス金具につける。**b**

＜コームに仕立てる＞

1 花C、Dの作り方は、P76花A、Bと共通。パーツをコームに仕立てる（P.43参照）。
2 配色（P.38参照）は左から(a)→(b)→(c)→(c)→アゲハ蝶→(d)→(d)→(a)の順でつける。

Point!

a

b

19 1月 水仙 難易度 ★ ☆ ☆

作品ページ → P.24　　型 紙 →後ろ見返し

〈材料〉 ※(G)…ゴールド

ワイヤー
#28（G）

着色
- ●ディップ液　クリヤー…適量
- ●マニキュア　黄、オレンジ、緑、黄緑…適量

花資材
花芯用パール（ホワイト）4mm…2個
資材
ピアス金具（G）（フック式）… 1ペア
裏処理用スカシパーツ（G）1.2cm…2個
丸カン（G）…8個

〈下準備〉

花（内）／複数回巻き	花（外）／ねじり巻き	葉／1回巻き

#28・1cmゲージ・5回巻き…2個	#28・1.2cmゲージ・間1回ねじり6輪 …2個	#28・2cm・2.5cm・3cmゲージ・1回 巻き…各ゲージ2個

〈作り方〉

1 花（内）は上にペンチでフリルを入れる。**a**
2 指で型紙に合わせて広げ、1cmゲージを使ってカップ状にする（P.32参照）。**b**
3 花（外）、葉は先をペンチでつまみ指で型紙通りに形付ける。**c**
4 花（外）は、花びらが重なるとディップ液で隣同士の花びらがくっついてしまうので、花びらに高低差をつける。**d**
5 クリヤーでディップし、乾燥させる。
6 裏からマニキュアを塗り乾燥させる。色は、花（内）→オレンジ、花（外）→黄を塗る。葉→緑や黄緑を塗る。
7 ストレンスナーをつけ、乾燥させる。
8 花（外）の中心に目打ちで穴を開ける。ボンドをつけて花（内）のワイヤーを通す。**e**
9 スカシパーツに留める（P.42参照）。**f**
10 花（内）の中心にパールをボンドでつける。
11 葉をめがね留めにする（P.42参照）。**g**
12 スカシパーツに丸カンを3連にし、ピアス金具をつける。下には丸カンで葉をつける。**h**

作り方Point!

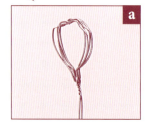

丸カン
1個　　丸カン
3個

20 2月 マーガレット 難易度 ★☆☆

作品ページ → P.24　　型　紙 →後ろ見返し

〈材料〉 ※(G)…ゴールド

ワイヤー
#28(G)

着色
● ディップ液　クリヤー…適量
● マニキュア　白…適量

花資材
花芯用ビーズ（黄）6mm…2個
花芯用座金（G）8.5mm…2個
裏処理用座金（G）6mm…2個
メタルビーズ（G）3.5mm…3個

資材
ピアス金具（G）（フック式）…1ペア
丸カン（G）…6個
Cカン（G）…3個

〈下準備〉

花A／ねじり巻き
#28・1cmゲージ・間1回ねじり8輪…
（ループ付き）1個、ループなし1個

花B／ねじり巻き
#28・0.8cmゲージ・間1回ねじり8輪
…（ループ付き）2個

花C／1回巻き
#28・0.8cmゲージ・1回巻き…3個

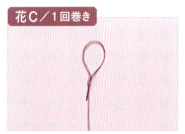

〈作り方〉

1 花A、B、Cはペンチで型紙通り形付ける。**a**

2 クリヤーでディップし、乾燥させる。

3 裏面にマニキュア（白）を塗り、乾燥させる。**b**

4 ストレンスナーをつけ、乾燥させる。

5 ビーズにワイヤー（#28）を通し、座金に乗せて根元でねじり、花芯を作る（P.33参照）。**c**

6 花AとBは、中心に目打ちで穴をあけ、ボンドをつけ、花芯を通してまとめる。（花Bは、ループが上下にくるようにする）（P.40参照）。**d**

7 花の裏側はワイヤーをうずまき状にしてカットし、ボンドで座金を貼る。**e**

8 花Cにメタルビーズを通し、めがね留めする（P.42参照）。**f**

9 花A、花Bの各ループに丸カンをつなぎ、ピアス金具（フック）に通す。**g**

10 花Bの下のループに、丸カンとCカンで、花C3個をつける。**h**

作り方Point!

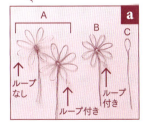

a
A　B　C
ループなし　ループ付き　ループ付き

b

c

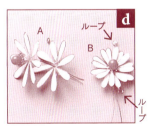

d
A　ループ
B
ループ

e
裏面

f

g
A　B

h
B
C

ピアス

21 3月 すみれ 難易度 ★☆☆

作品ページ → P.24   型紙 →後ろ見返し

〈材料〉 ※(S)…シルバー

ワイヤー
#28(S)

着色
- ●ディップ液　クリヤー…適量
- ●マニキュア　白、紫…適量
- ●ペン　ブルーブラック

花資材
ラインストーン（ジョンキル）3mm…2個

資材
ピアス金具（S）（シャワーカン式）8mm…1ペア
めがね留めチャーム（アメシスト）6mm…2個
丸カン（S）…2個

〈下準備〉

花A／ねじり巻き	花B／1回巻き
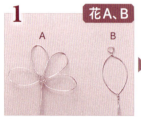	 ←ループ
#28・1.2cmゲージ・間2回ねじり4輪…2個	#28・1.5cmゲージ・1回巻き（ループ付き）…2個

〈作り方〉

1 花A、B

花A、Bを指で型紙に合わせて形付ける。

2

クリヤーでディップし、乾燥させる。

3

裏からマニキュア（紫）を塗り乾燥させる。

4

マニキュア（白）とペンで模様を描く。

5

ストレンスナーをつけ、乾燥させる。

6

花Aの中央に花Bのワイヤーを入れる。ボンドでラインストーンを中心に貼る。

7

花Bのループに丸カンでチャームをつける。

8

シャワーカンにまとめる（P.43参照）。

22 4月 桜 難易度 ★ ☆ ☆

作品ページ → P.24　型 紙 →本体表紙

〈材料〉 ※(G)…ゴールド

ワイヤー
#30(G)　#28(G)

着色
●ディップ液　クリヤー…適量
●マニキュア　ピンク…適量

花資材
花芯用パール(ピンク)4mm…2個
花芯用座金(G)8.5mm…2個
メタルビーズ(G)2mm…2個
裏処理用スカシパーツ(G)14mm…2個

資材
ピアス金具(G)(カン付)…1ペア
チェーン(G)3cm…2本
Cカン(G)…10個

ピアス

〈下準備〉

花A／ねじり巻き	花B／1回巻き

#30・1cmゲージ・間1回ねじり5輪…2個	#30・1cmゲージ・1回巻き…2個

〈作り方〉

1

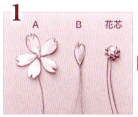

花の形付け、着色、ストレンスナー、花芯の作り方は、P.48『桜』1〜7と同様。

2

花A中心に目打ちで穴をあける。

3

花芯を花Aの穴に通してスカシパーツにつける（P.42参照）。

4

花Bは、メタルビーズ1個通す。

5

ワイヤーを1本切って、めがね留めする（P.42参照）。

6

花Bを、Cカンでピアス金具につける。

7

6のピアス金具に、Cカンでチェーンをつなげる。

8

チェーンの先端にCカンを3個つなげ、スカシパーツにつける。

ピアス

23 5月 鈴蘭　難易度 ★ ☆ ☆

作品ページ → P.24　　型 紙 →本体表紙

〈材料〉　※(S)…シルバー

ワイヤー
#28(S)

着色
● ディップ液　クリヤー…適量
● マニキュア　白、緑…適量

花資材
花芯用パール（ホワイト）4mm…6個

資材
ピアス金具(S)（フック式）…1ペア
座金(S)8mm…6個
メタルビーズ(S)3.5mm…8個
丸カン(S)…6個
チェーン(S)2cm…2本

〈下準備〉

花／複数回巻き

#28・1cmゲージ・5回巻き…6個

葉／1回巻き

#28・1.2cmゲージ・1回巻き…2個

〈作り方〉

1　葉は、先をペンチでつまみ型紙通り形付ける。**a**
2　花は先をペンチでつまみ、型紙に合わせて広げる。**b**
3　2を1cmゲージでカップ状にする（P.32参照）。**c**
4　花の先をペンチでつまみ、少し外に反らせる。**d**
5　クリヤーでディップし、乾燥させる。
6　花の内側にマニキュア（白）を塗る。葉は片面に緑を塗り乾燥させる。
7　ストレスナーをつけ、乾燥させる。

8　花の中心に目打ちで穴を開ける。
9　ワイヤー（#28）を通したパールの花芯を、8に通しワイヤーをねじる。**e**
10　花は座金とメタルビーズ1個、葉は、メタルビーズ1個を通してめがね留めする（P.42参照）。**f**
11　チェーンに花と葉を丸カンでつける。**g**
12　ピアス金具につける。**h**

作り方 Point!

　a

　b

　c

　d

　e

　f

　g

h

ピアス小

ピアス大

24 6月 紫陽花 難易度 ★☆☆

作品ページ → P.24 型 紙 →本体表紙

〈材料〉 ※(S)…シルバー

ワイヤー
#30(S) #26(S)

着色
● ディップ液 クリヤー…適量
● マニキュア ラメ入り青・白、緑…適量

花資材
ラインストーン(クリスタル)3mm…18粒

資材
ピアス金具(S)(カン付)…1ペア
スカシパーツ(S)リーフ(小)…1個
チェーン(S)…大2cm、小3cm各1本
裏処理用メタルパーツ(S)7mm…2個
丸カン(S)…大8個、小3個
丸カン(S)…0.7×5mm1個

〈下準備〉

花A／複数回巻き

#30・1cmゲージ・4回巻き…15個

花B／ねじり巻き

ループ↙

#30・1cmゲージ・間2回ねじり4輪…
(ループ付き)1個

花C／ねじり巻き

ループ↘

#30・0.8cmゲージ・間2回ねじり4輪
…(ループ付き)1個

〈花、葉パーツの作り方〉

1 花、葉は、P.56紫陽花と同様に作る。**a**
2 クリヤーでディップし、乾燥させる。
3 裏からマニキュア(花A・B→ラメ入り青、花C→ラメ入り白、葉→緑)を塗り、乾燥させる。
4 ストレンスナーをつけ、乾燥させる。
　ボンドでラインストーンを貼る。**b**
6 スカシパーツ(リーフ)は足のワイヤーを1本切り、めがね留めする。

〈ピアス大の作り方〉

1 花Aの花首から1cm分をきつくねじり、めがね留めする(P.42参照)。**c**
2 1を3つずつ丸カンで留める。**d**
3 2(5パーツ)を0.7×5mmの丸カンで留める。**e**
4 2cmチェーンと3、チェーンとピアス金具を丸カンで留める。**f**
5 スカシパーツ(リーフ)を丸カンでチェーンに留める。**g**

〈ピアス小の作り方〉

1 花B、Cは根元でワイヤーをハサミで切る。
2 1の裏側にメタルパーツをボンドで貼る。
3 チェーンの端に花Bと花Cを丸カンでつける。
4 ピアス金具とチェーンを丸カンでつける。**h**

作り方Point!

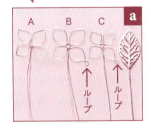
a

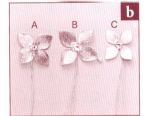
b

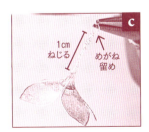
1cmねじる　めがね留め
c

d

e

f

g

h

85

作品ページ → P.25　　型 紙 →本体表紙

〈材料〉 ※(G)…ゴールド

ワイヤー
#28(G)　#30(G)

着色
● ディップ液　クリヤー…適量
● マニキュア　オレンジ、白…適量
● ペン　ボルドーブラック

資材
ピアス金具(G)(フック式)…1ペア
花芯用チェーン(G)4cm…2個
花芯用スワロフスキー(ヒヤシンス)5mm…8個
Tピン(G)…8本
丸カン(G)…2個
座金(G)8mm…2個

ピアス

〈下準備〉

花A／複数回巻き

#28・1.8cmゲージ・3回巻き…2個

花B／ねじり巻き

ループ

#28・1.8cmゲージ・間2回ねじり3輪
…（ループ付き）2個

〈作り方〉

1 花A、Bは先をペンチでつまみ、Aは広げ、全体に指で
ウェーブをつけ、型紙通りに形付ける。**a**

2 花A、Bの花びらを少し上に立てて外に反らせ、成形す
る。**b**

3 クリヤーでディップし、乾燥させる。

4 花の表面にマニキュア（オレンジ）で線を描き、乾燥させ
る（P.39参照）。

5 裏面にマニキュア（白）を塗り乾燥させる。

6 表側にペンで点々を描く。

7 ストレンスナーをつけ、乾燥させる。

8 スワロフスキーにTピンを通して丸め（P.41参照）花芯の
チェーンに4個つける（丸めた部分を開いてチェーンにつける）。**c**

9 チェーンの先端にワイヤー（#30）を通す。**d**

10 花Aの花びらの間に**9**のワイヤーを入れ、根元でねじる。**e**

11 花Bの中心に目打ちで穴を開ける。

12 花Bの中央に**10**を通し、後ろでねじる。**f**

13 ワイヤーをカットし、裏に座金をボンドで貼る（P.42参照）。

14 花Bのループに丸カンでピアス金具につける。**g**

作り方Point!

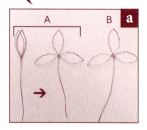
a

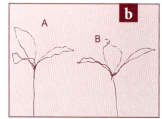
b

c

d

e

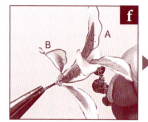
f

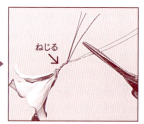

ねじる

g

ループ

26 8月 向日葵 　難易度 ★☆☆

作品ページ → P.25 　型紙 →本体表紙

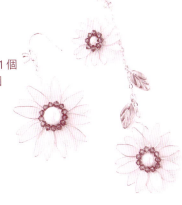

〈材料〉 ※(G)…ゴールド

ワイヤー
#28(G)

着色
● ディップ液　クリヤー…適量
● マニキュア　黄…適量

花資材
花芯用半丸パール(ホワイト)4mm・6mm・8mm…各1個
花芯用スワロフスキー(スモークトパーズ)3mm…30個
裏処理用座金(G)6mm…3個

資材
ピアス金具(G)(フック式)…1ペア
チェーン(G)4cm…1本
Cカン(G)…9個
三角カン(G)…2個
アクリルパーツ…リーフ2個

〈下準備〉

花(大)／ねじり巻き
#28・1cmゲージ・間2回ねじり8輪…
(ループ付き)1個、ループなし1個

花(中)／ねじり巻き
#28・0.8cmゲージ・間2回ねじり8輪
…(ループ付き)1個、ループなし1個

花(小)／ねじり巻き
#28・0.6cmゲージ・間2回ねじり8輪
…(ループ付き)1個、ループなし1個

〈作り方〉

1 花(大、中、小)はペンチで型紙通りに形付ける。**a**
2 クリヤーでディップし、乾燥させる。
3 裏面にマニキュア(黄)を塗り、乾燥させる。
4 ストレンスナーをつけ、乾燥させる。
5 各花2枚のワイヤーをカットし、ボンドでまとめる。**b**
6 スワロフスキー(大13個、中11個、小8個)をワイヤー(#28)に通し、輪にしてねじる。足のワイヤーはカットする。**c**
7 5の表面に6のビーズ花芯と半丸パール(大8mm・中6mm・小4mm)、裏面に座金をボンドでつける。**d**
8 花(大)は、ループにCカンを通し、ピアス金具につける。**e**
9 もう1つのピアス金具のフックに、Cカンで花(小)とチェーンをつける。**f**
10 9のチェーンの先端に、Cカンで花(中)をつける。**g**
11 チェーンにCカンと三角カンでアクリルパーツ(リーフ)をつける。**h**

作り方Point!

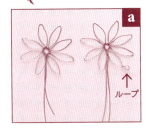
↑ループ **a**

b

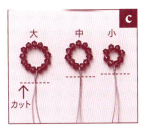
大　中　小
↑カット **c**

表面　裏面
❀座金 **d**

←Cカン
ループ→ (大) **e**

(小) **f**

g
(小)
(中)

(小)
(中) **h**

27 9月 りんどう 難易度 ★★☆

ピアス

作品ページ → P.25　型 紙 →本体表紙

〈材料〉 ※(S)…シルバー

ワイヤー
#26(S)　#28(S)

着色
●ディップ液　クリヤー…適量
●マニキュア　紺、緑…適量

資材
ピアス金具(S)(フック式)…1ペア
座金(S)10mm…2個

〈下準備〉

花／複数回巻き

#26・2cmゲージ・5回巻き…6個

葉／ねじり巻き

#28・1cmゲージ・間2回ねじり4輪…
2個

〈作り方〉

1 花、葉パーツの先端をペンチでとがらせる。**a**
2 1を型紙に合わせて指で開く。**b**
3 花の中心に1.5cmゲージを入れ、ふくらみをつける(P.32参照)。**c**
4 クリヤーでディップし、乾燥させる。
5 花は内側からマニキュア(紺)を塗り、葉は裏側にマニキュア(緑)を塗り乾燥させる。
6 ストレンスナーをつけ、乾燥させる。

7 花1つは花びらを外に指で少し曲げる。**d**
8 花2つは花びらを内側に指で少し曲げ、すぼませる。**e**
9 花と葉の根元のワイヤーは、1本残して切る。**f**
10 花は3つの高さを変え、根元で3回きつくねじる。**g**
11 10の根元を葉の中央に通し、座金をかぶせてめがね留めする(P.42参照)。**h**
12 ピアス金具(フック)に通す。

作り方Point!

花　　葉 **a**

花　　　葉 **b**

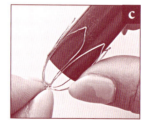
c

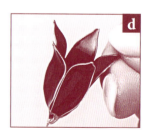
d

e

f

g

h

基本技法はP.28〜43参照。

28 10月 ガーベラ 難易度 ★☆☆

作品ページ → P.25　型紙 →本体表紙

〈材料〉 ※（G）…ゴールド

ワイヤー
#30（G）

着色
- ディップ液　クリヤー…適量
- マニキュア　緑、淡緑…適量

資材
ピアス金具（G）（フック式）…1ペア
花芯用ラインストーン（クリスタル）8mm…2個
花芯用スカシパーツ（G）12mm…2個
裏処理用スカシパーツ2cm…2個
タッセル（アイボリー）3cm…2個
丸カン（G）…6個

〈下準備〉

花／ねじり巻き	花芯／複数回巻き

#30・1cmゲージ・間2回ねじり12輪…4個	#30・0.5cmゲージ・12回巻き…2個

〈作り方〉

1 花

花は、指で型紙に合わせて形付ける。

2 花芯

花芯はペンチでつまみ、細くしてから指で型紙に合わせて広げる。

3

1（互い違いに段差をつけて）と2をクリヤーでディップし、乾燥させる。

4

裏にマニキュアを塗り乾燥させる（花→緑　花芯→淡緑）。ストレンスナーをつけ、乾燥させる。

5

花2枚の中心に目打ちで穴を開け、花芯を通す（P.40ねじり巻きのまとめ方参照）。

6

裏処理用スカシパーツをつける（P.42参照）。

7

表に花芯用スカシパーツとラインストーンをボンドでつける。

8

ピアス金具とタッセルをスカシパーツに丸カンでつける。

29 11月 オンシジウム 難易度 ★ ★ ☆

作品ページ → P.25　　型紙 →本体表紙

〈材料〉 ※(G)…ゴールド

ワイヤー
#30（G）

着色
● ディップ液　クリヤー…適量
● マニキュア　黄…適量

花資材
花芯用ラインストーン（クリスタル）2.6mm…4個
裏処理用座金（G）6mm…4個
ペン（ボルドーブラック）

ピアス資材
ピアス金具（G）（フック式）…1ペア
チェーン（G）5.5cm…2本
Cカン（G）…8個
丸カン（G）…2個

〈下準備〉

花A／複数回巻き

#30・0.6cmゲージ・5回巻き…4個

花B／複数回巻き

#30・1.5cmゲージ・3回巻き…4個

〈作り方〉

1 花Aの先端をペンチでとがらせ、型紙通りに広げる。**a**
2 花Bを広げ、1ループの頂点を中心に折る。**b**
3 足のワイヤー1本を上げ、後ろに下ろす。2本のワイヤーを根元でねじる。**c**
4 下の輪2つを少し重ね、型紙を参考にフリルとウェーブを指で入れる。**d**
5 花A、Bをクリヤーでディップし、乾燥させる。
6 裏面にマニキュア（黄）を塗り、乾燥させる。
7 表面にペンで模様を描く（P.39参照）。
8 花Aと花Bの中心を重ね、根元で軽くねじり、ストレンスナーをつけ、乾燥させる。**e**
9 足のワイヤーをめがね留めする（P42.参照）。
10 表中心にラインストーン、裏のめがね留め下に座金をボンドで貼る。**f**
11 1本のチェーンに左右の長さを変えて、丸カンでピアス金具（フック）に通す。**g**
12 チェーンの先端にCカンで花をつける。**h**

作り方Point!

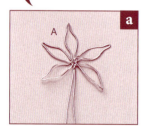
a　A

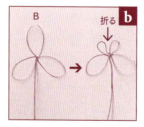
b　B　折る

c　ワイヤー1本を上げる　根元でねじって留める

d

e　A　B

f　表面　裏面

g

h

　基本技法はP.28〜43参照。

30 12月 カトレア 難易度 ★ ★ ☆

作品ページ → P.25　　型 紙 →本体表紙

〈材料〉 ※(G)…ゴールド

ワイヤー
波型ワイヤー(G)…適量
28#(G)、#30(G)…適量

着色
● ディップ液　ライトピンク、チェリーレッド…各適量
● マニキュア　黄…適量

花資材
花芯用パール(クリーム)6mm…2個

資材
ピアス金具(G)(フック式)…1ペア
スカシパーツ(G)29mm…1個

〈下準備〉

花A/複数回巻き

波型ワイヤー・2.5cmゲージ・3回巻き
…3個

花B/複数回巻き
波型ワイヤー・2cmゲージ・2回巻き…
3個

花C/複数回巻き
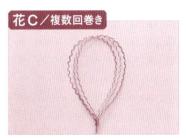
波型ワイヤー・4cmゲージ・3回巻き…
1個

〈作り方〉

1　花A〜Cを型紙に合わせて形付ける。
2　花Aに別ワイヤー(#28)でダブルブリッジ。 **a**
3　花Bに別ワイヤー(#28)でシングルブリッジ。 **b**
4　花Cは別ワイヤー(#28)5本でシングルブリッジ。 **c**
5　花A・B・Cを指定の色でディップし、乾燥させる。(花A、B→ライトピンク、花C→チェリーレッド)
6　花Cのみ表にマニキュア(黄)を塗り乾燥させる。花A・B・C根元のワイヤーを2本残して切る。
7　花A2枚、花Cを根元でねじる。 **d**

8　7に花B3枚をつけ、根元でねじる。 **e**
9　ストレンスナーをつけ、乾燥させる。
10　花の中央にボンドでパールを貼る。
11　花Cはパールを包むように整える。 **f**
12　11を別ワイヤー(#30)でスカシパーツに留める。 **g**
13　スカシパーツをピアス金具(フック)に通す。
14　花Aの1枚はパールを通してめがね留めし、ピアス金具(フック)に通す。 **h**

作り方Point!

─── 根元はブリッジのワイヤーでねじる ───

 **a**
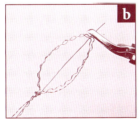 **b**
 **c**
 **d**

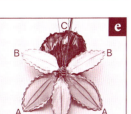 **e**
 **f**
 **g**
 **h**

ワイヤーの実物大型紙

実物大型紙に合わせて、ワイヤーを形付けして下さい。下準備後 - - -（点線）はワイヤーをカットし、足のワイヤーを1本にしてからレシピに添って制作して下さい。

01 桜 *How to make P.48*

共通 花（小）

共通 花（大）

02 菜の花 *How to make P.50*

共通 花A

かんざし 花B

ピアス 花びら

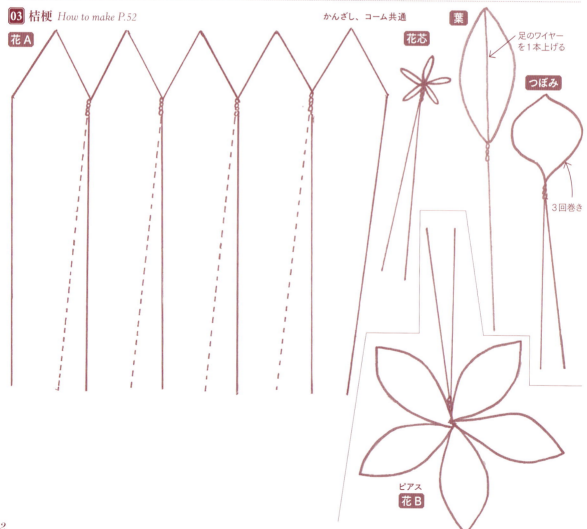

03 桔梗 *How to make P.52*

花A

かんざし、コーム共通 花芯

葉 足のワイヤーを1本上げる

つぼみ

3回巻き

ピアス 花B

04 曼珠沙華
How to make P.54

かんざし
花A

イヤーフック
花C

かんざし
花B

かんざし
花芯A

かんざし
花芯B

05 紫陽花
How to make P.56

コーム
花A

帯留め
花B

ビアス
花C

← ループ付き

07 ローズ
How to make P.46

花冠
花R

花冠
連続葉

共通
花A

16 小菊
How to make P.44

コーム大
コーム小
花A

コーム大
花C

コーム大
花B

共通
花E

8cm

コーム大
コーム小
花D
16小菊

チョーカー
コーム
花C
08マーガレット

8cm

08 マーガレット
How to make P.60

コーム
花B

チョーカー
花A

コーム
連続葉

ピアス
花D

ループ付き

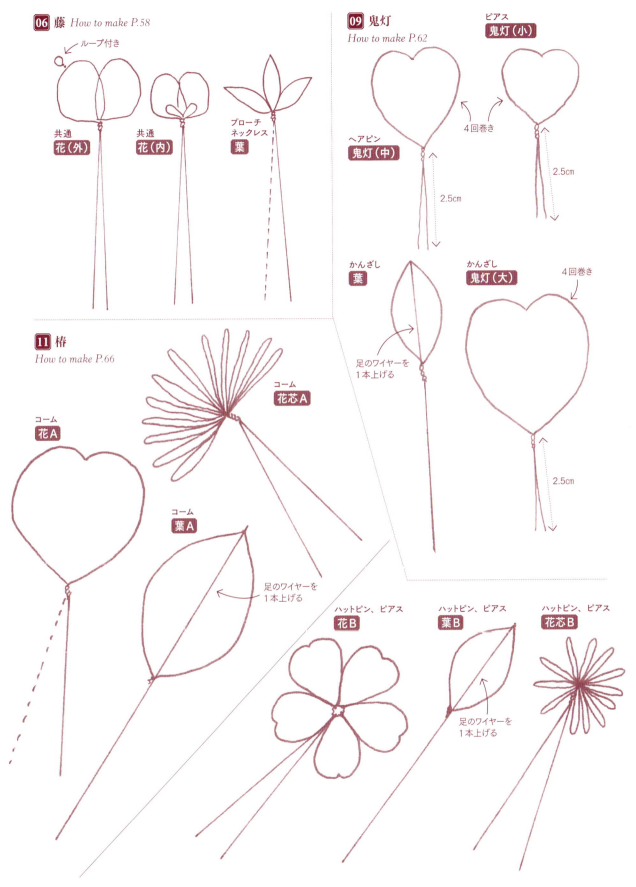

06 藤 *How to make P.58*

ループ付き

共通
花（外）

共通
花（内）

ブローチ
ネックレス
葉

09 鬼灯
How to make P.62

ピアス
鬼灯（小）

4回巻き

ヘアピン
鬼灯（中）

2.5cm

2.5cm

かんざし
葉

足のワイヤーを
1本上げる

かんざし
鬼灯（大）

4回巻き

2.5cm

11 椿
How to make P.66

コーム
花芯A

コーム
花A

コーム
葉A

足のワイヤーを
1本上げる

ハットピン、ピアス
花B

ハットピン、ピアス
葉B

足のワイヤーを
1本上げる

ハットピン、ピアス
花芯B

著者Profile

m.a.c.は著者の名前の頭文字を組み合わせて作った
ディップフラワー作家ユニット名です

橋田美百希（はしだみゆき）
『花パレット　Reaf』
https://ameblo.jp/hana-p-reaf/

[担当作品]

桜、　ローズ、　睡蓮、　椿、　ポインセチア、　パンジー、
マーガレット、　向日葵、　オンシジウム

山田明見（やまだあけみ）
『Atelier Lay』
https://ameblo.jp/ake-lay/

[担当作品]

菜の花、　桔梗、　マーガレット、　鬼灯、　牡丹、　小菊、
水仙、　鈴蘭、　百合、　ガーベラ

松沼千鶴子（まつぬまちづこ）
『sparkling flower』
https://ameblo.jp/sparklingflower/

[担当作品]

曼珠沙華、　紫陽花、　藤、　アネモネ、　梅、　ネモフィラ、
蝶々、　すみれ、　りんどう、　カトレア

〈協力〉

◉ トウペディップアート協会
　大阪府堺市西区築港新町1-5-11 株式会社トウペ内
　本部電話　072-243-6447
　東京事務局電話　03-3847-6413
　URL　http://www.dipart.jp

◉ 横浜ディスプレイミュージアム
　神奈川県横浜市神奈川区大野町1-8 アルテ横浜
　横浜本店電話　045-441-3933
　URL　http://www.displaymuseum.co.jp/index.html

Staff
撮影：伊藤泰寛（講談社写真部）
デザイン：田中小百合（オズズデザイン）

実寸型紙付き!!
ワイヤーをディップ液にくぐらせて作る

ディップフラワーの教科書

2018年 4月 5日　第 1 刷発行
2024年11月13日　第16刷発行

著　者　m.a.c.
発行者　清田則子
発行所　株式会社講談社
　　　　〒112-8001　東京都文京区音羽2-12-21
　　　　販売　TEL03-5395-3606
　　　　業務　TEL03-5395-3615
編　集　株式会社 講談社エディトリアル
代　表　堺　公江
　　　　〒112-0013　東京都文京区音羽1-17-18
　　　　護国寺SIAビル6F
　　　　編集部　TEL03-5319-2171
印刷所　半七写真印刷工業株式会社
製本所　大口製本印刷株式会社

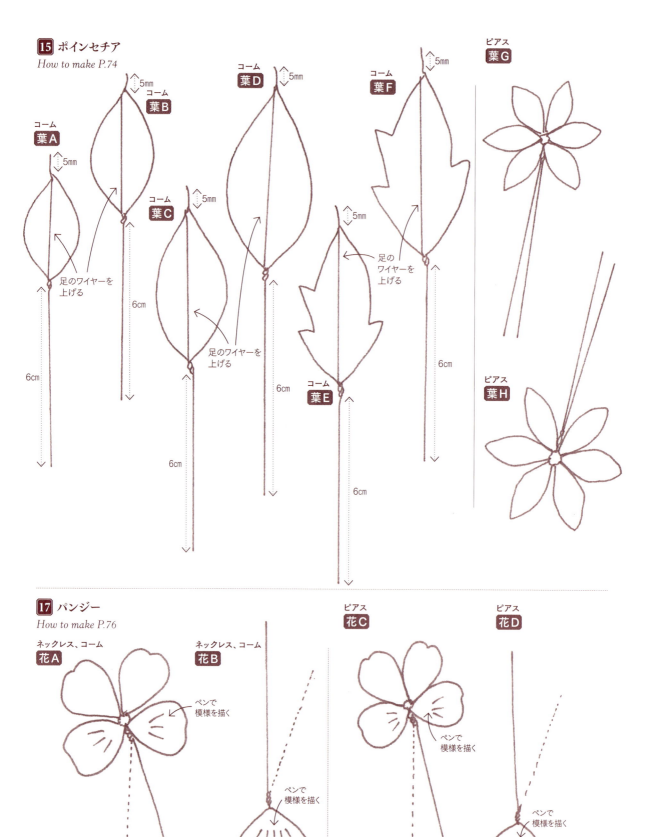

15 ポインセチア
How to make P.74

コーム
葉A
↕5mm
足のワイヤーを上げる
6cm

コーム
葉B
↕5mm
6cm

コーム
葉C
↕5mm
足のワイヤーを上げる
6cm

コーム
葉D
↕5mm
6cm

コーム
葉E
↕5mm
6cm

コーム
葉F
↕5mm
足のワイヤーを上げる
6cm

ピアス
葉G
↕5mm

ピアス
葉H

17 パンジー
How to make P.76

ネックレス、コーム
花A
ペンで模様を描く

ネックレス、コーム
花B
ペンで模様を描く

ピアス
花C
ペンで模様を描く

ピアス
花D
ペンで模様を描く

18 蝶々の花園（パンジー）
How to make P.76